VOYAGE

DANS LES DÉPARTEMENS

DU NORD,

DE LA LYS, DE L'ESCAUT, etc.

VOYAGE

DANS LES DÉPARTEMENS DU NORD, DE LA LYS, DE L'ESCAUT, etc.,

PENDANT LES ANNÉES VII ET VIII;

PAR LE CITOYEN BARBAULT-ROYER,
ex-Haut-Juré de Saint-Domingue.

A PARIS,

Chez LEPETIT, Libraire, Palais-Egalité,
N° 223;

Et A LILLE, chez VANACKERE,
libraire, sur la Grand'-Place.

MESSIDOR, AN VIII.

AVANT-PROPOS.

En présentant au Public quelques journées d'un voyage dans des contrées adossées vers le Nord, et qu'un préjugé mal assis regarde par leur nature, comme arides pour la distraction du moment, il était sans doute convenable d'unir à la nouveauté des observations, la variété des images. Ce but sera-t-il rempli?

D'autres Relateurs ont donné sur la ci-devant Flandre, d'immenses développemens qui par leur étendue même, ont pu nuire aux succès de leurs mémoires.

Des idées utiles, des notes excellentes se sont vu accablées par la multitude et la gravité trop soutenue des raisonnemens; et ces circonstances ont quelquefois déconcerté le zèle du savant laborieux et de l'érudit insatiable. En profitant, néanmoins, de leurs lumières, et les faisant concorder avec les réflexions que l'aspect des lieux mêmes a produites, il fallait adopter une autre marche, environner la planche d'un cadre neuf et prêter à un sujet tant de fois ramené, cette sorte d'intérêt qui peut saillir du choix des citations, de la légèreté des tableaux, du soin des descriptions ; tel a été le plan nouveau.

Les lieux que nous avons à parcourir ne se présentent pas, sans doute, avec le ciel doux et coloré de l'Italie, le climat gracieux et enchanté de l'Espagne, les végétaux odorans qui charment les provinces aimées de la France méridionale ; nous marchons ici sous une voûte embrumée, à travers les sites du marécage et entourés de lourds frimats.

Si la perspective cède d'un côté, de l'autre, elle prédomine par la célébrité de ses peuples, par leurs vertus domestiques, par cette industrie, mère d'un bonheur plus réel. Nation à jamais illustre, qui dompta ses élémens rétifs, transforma ses limons en jardins, et posa les fondemens pompeux des plus superbes villes, sur un sol humide et tremblottant! Nation devenue, dès son origine, une source inépuisable d'instruction pour le philosophe, l'historien et l'homme d'état.

Que des voyageurs plus exercés s'occupent, en cette partie, des sujets les plus importans, je n'offre au loisir du public, que de simples tablettes, dont toute l'étude a été de l'instruire sans le fatiguer.

Les Départemens dont il s'agit, ont été visités depuis la révolution; et la révolution a pu ajouter aux anciennes idées, des idées nouvelles, qui doivent prêter même à l'intérêt le moins vif.

BARBAULT-ROYER.

VOYAGE

TRÈS-RÉCENT

DANS LES DÉPARTEMENS

DU NORD,

DE LA LYS, DE L'ESCAUT, etc.,

PENDANT LES ANNÉES VII ET VIII.

I.

Départ de Paris. — Route de Reims. — Forêt de Villers-Cotterets. — Petit commerce particulier à cette ville. — Approche de Soissons. — Beauté de ses environs.

AYANT reçu, en l'an 7, l'ordre de me rendre à Reims pour l'inspection d'une partie administrative, je partis de Paris dès les premiers jours de vendémiaire de cette même année.

La distance de Paris à Reims est environ de 33 lieues, que l'on parcourt rapidement sur une route très-bien pavée, et rendue plus facile encore par l'idée antique d'un chemin devenu essentiellement royal, par la sainte obligation du couronnement des rois dans la basilique de Reims. Quoique cette ville ne jouisse plus de ce brillant privilège, la route ne paraît point avoir souffert de cette privation, et son entretien est aussi surveillé qu'auparavant.

Ce qui frappe le plus agréablement à quelque distance de Paris, est la belle forêt de Villers-Cotterets : la partie que l'on traverse n'est pas fort étendue, mais elle est remarquable par la hauteur de ses arbres drapés de mousse, par leur multiplicité, et surtout par leur admirable conservation (1). La petite ville de Villers-Cotterets, qu'on laisse d'abord derrière soi, est très-peu de chose (2).

L'on prend de nouveaux relais à Villers-Cotterets. Un Africain venait d'épouser dans cette ville la fille du maître de poste ; cette union approuvée par tous les sentimens de la philosophie, semblait complaire à plusieurs individus

(1) La forêt de Villers-Cotterets a 24,000 arpens ; elle est regardée comme la mieux plantée de toutes celles de France. Avant François Ier elle était impraticable.

(2) Le territoire de cette ville est sec, aride et absolument dépourvu d'eau ; on allait la chercher autrefois au loin dans des tonneaux, et on la portait sur des bêtes de somme. François Ier y fit conduire une source du Fait-de-Retz.

de cette ville, qui ne paraissaient pourtant pas de grands philosophes : mais les idées d'ordre et de bon sens sont en tout lieu générales, lorsqu'elles ont leurs principes dans les raisonnemens simples de la justice et de l'humanité.

Les balais de Villers-Cotterets forment ici une petite branche de commerce ; ces balais destinés à la propreté des foyers, sont tissus avec art et décorés avec goût : il s'en fait un débit que la modicité de leur prix rend assez considérable. Tous nos voyageurs dont la course ne s'étendait qu'aux environs, eurent soin de s'en fournir, soit pour leur usage, soit pour en gratifier leurs voisines ou leurs amis. L'un d'eux qui se rendait à Namur eut soin de les imiter, sans s'apercevoir que ses compagnons étant du voisinage, ces balais seraient bientôt déposés en leur place ; aussi fort embarrassé de ce singulier fardeau, nôtre ami s'empressa-t-il de les distribuer gratuitement sur la route.

Les campagnes du côté de Soissons sont assez fertiles, quoique la terre en soit rude et sèche. Dans le tems de l'anarchie féodale, elles furent arrosées du sang de bien des peuples. Soissons se présente d'une manière assez avantageuse ; partie de cette ville se déploie sur une éminence : vers la droite l'œil plonge dans une immense vallée : là reposait la charmante maison de l'Évêque de cette ville, entourée de vignobles et de peupliers, parée d'une belle verdure et arrosée de nombreux ruisseaux. Cette magnifique prairie, qui se développe au bas de cette vallée que découpent en tous sens de larges rubans d'eaux, ressemblait, suivant l'expression de l'auteur arabe, à une belle émeraude enchâssée dans des bandes d'argent.

I I.

Soissons. — Sa Cathédrale. --Digression à ce sujet. — Rivière d'Aisne. — Commerce de Soissons. — École centrale.

Soissons est une ville étroite, sale et irrégulière ; sa naissance date de loin. Capitale des rois de la première race, elle est devenue célèbre, lorsque du fond du Nord accoururent les fondateurs de la Monarchie française, qu'ils établirent sur le cadavre des Romains et des Gaulois éperdus.

D'après les manières des Goths, l'on se représente assez les formes grossières d'une ville qu'on pouvait admirer dans les tems de leur gloire. Il est remarquable qu'à travers tant d'établissemens que la nécessité, le besoin public et son luxe sauvage pouvaient lui faire entreprendre, cette race de Vandales n'ait transmis principalement à l'observation de leurs neveux que des églises. Il est vrai que dans la conflagration générale qui dévora perpétuellement la monarchie sous tous ses dévastateurs, ces monumens religieux furent presque toujours épargnés, soit par la sainteté de leur culte, soit par la protection redoutable de leur patron, soit par l'industrieux artifice des moines. Le palais du monarque, les châteaux des barons, les toîts humbles des prolétaires, ont disparu dans le vaste abyme avec les premières générations. Au milieu de tant de ruines, il n'est demeuré sur leurs bases éternelles que les cathédrales et quelques églises, aussi respectables par le tems qui les couvre, qu'étonnantes par la hardiesse de ceux qui les ont élevées. Plus heureuses que les mortels, à l'abri de leur vieillesse et de leur misère, plus favorisées que les peintres de l'histoire, ces basiliques altières ont été témoins de tout, ont vu tout, ont parcouru l'immense série des événemens des trois races, ont assisté à la mort de douze cents générations, et subsistent encore, sans doute pour nous menacer d'une destinée pareille à celle de tous ces peuples, qui successivement ont été s'abymer avant nous dans la tombe. Telles sont les réflexions qu'inspire fortement la vue de ces hardis monumens; honteux de notre impuissance, plus honteux encore de valoir moins que ces pierres.

Soissons est située sur l'Aisne : cette rivière la traverse d'un côté et la rend très-marchande par la quantité de bateaux qui y abordent facilement. Son commerce consiste en blés, et surtout en légumes qui se transportent fort au loin. Cette ville est devenue le siége d'une École centrale, pour la consoler de la perte des administrations supérieures qui sont tombées dans le lot de Laon, en vertu de son titre de chef-lieu du département de l'Aisne.

III.

Belle route de Soissons à Reims. — Braisne, célèbre autrefois. — Fismes. — Idées sur cette petite Ville. — Tristes approches de Reims. — Porte de Vesle.

LA route de Soissons à Reims est charmante; rien de plus gracieux et de plus romantique. Des collines cultivées avec soin s'étendent toujours sur votre droite, tandis que vers la partie opposée, les eaux de l'Aisne s'abandonnent dans leur canal paisible, et fertilisent les vastes campagnes, qu'elles ne cessent de rafraîchir dans leur marche irrégulière.

L'on ne trouve rien de bien remarquable sur cette route : cependant Braisne ne laisse pas que de se parer d'un grand souvenir, et quoique Braisne ne conserve plus aucune trace de son origine, les citoyens de Soissons n'ont pas le droit de lui contester l'ancienneté de cette même origine. Braisne s'est formée des débris du château de plaisance de la fameuse Frédégonde. Il fallait néanmoins que dès ces tems-là, ce lieu fût une ville assez considérable, puisqu'il s'y tint, en 581, un Concile au sujet de notre premier historien, Grégoire de Tours, accusé par un délateur, d'avoir avancé que la reine Frédégonde entretenait un commerce d'adultère avec l'archevêque de Bordeaux ; Grégoire fut absous, et la reine fit expédier le dénonciateur. Braisne n'est plus aujourd'hui qu'un Bourg, dont l'intérieur m'a paru assez triste et solitaire : ses alentours sont champêtres et agréables ; la rivière de Vesle promène ici ses eaux tranquilles à travers des bosquets touffus, que les chaleurs de l'été doivent rendre délicieux.

A quelques lieues de Braisne, vous rencontrez Fismes où l'on dîne ordinairement ; cette demi-ville est encore très-ancienne. En effet, toute la ligne de Soissons à Reims a dû être de très-bonne heure peuplée, par la fureur qu'on avait toujours d'aller se faire couronner à Reims. Fismes (3) jouit en France d'une certaine réputation par la régularité de ses bâtimens, par la propreté de ses places et la largeur de ses rues. L'on ne voit rien dans Fismes qui puisse soutenir cette renommée : cette petite ville a toute la disposition d'un village ; elle est aussi silencieuse que Braisne. Si les voyageurs, qui s'y connaissent tout aussi bien que les géographes, font quelque éloge de cette bonne petite ville, c'est sans doute à cause de ses grosses et fines écrevisses, que les ruisseaux des environs fournissent en abondance. Fismes est la patrie de la célèbre tragique Adrienne le Couvreur.

Les approches de Reims ne sont pas magnifiques : la terre est nue et dépouillée, et la craie y domine ; nul arbre, une végétation incomplette, et l'aspect monotone d'une vaste plaine. C'est sans doute pour corriger l'âpreté de ce

(3) Il se tint à Fismes, en 881, un Concile, présidé par le fameux Hincmar, archevêque de Reims ; dans l'un des articles, assez remarquable de ce Concile, l'on exhorte le roi Louis III à bien gouverner.

sol, que nous vîmes, çà et là, des hommes de la campagne, occupés à répandre sur ces terres les boues qu'ils enlèvent dans les rues de Reims : ces boues que l'on détrempe avec beaucoup de soin dans l'eau, et qui, après avoir été desséchées, sont mêlées avec du terreau, sont en effet le meilleur amendement que l'on puisse donner à un fonds de terre aussi usé que l'est celui de Reims.

L'on retrouve à l'entrée de cette ville la rivière de Vesle, que l'on passe sur un pont, après avoir laissé derrière soi un faubourg assez peuplé : une belle promenade se présente sur la gauche; des prairies et des terreins assez fertilisés, sur la droite ; c'est par ce côté que le roi faisait son entrée, lorsqu'il se rendait à son sacre. La porte de Reims, dite de Vesle, est une grille de fer bien dessinée, surmontée autrefois des armes du prince ; ces armoiries ont été détruites, mais il reste encore le globe français, sur lequel étaient disposées les trois fleurs-de-lys d'or ; la rue de Vesle, qui se montre la première, est large, très-belle et traverse la ville en entier ; c'est la seule dans tout Reims qui, dans une si grande étendue, marche en ligne parfaitement droite ; elle aboutit à la porte de Cérès, qui indique la route des Ardennes.

IV.

Reims. — Rivalité et prétentions entre les villes provinciales. — Caractère des Rémois. — Leur conduite aux premières époques de la révolution.

REIMS est la ville la plus peuplée du département de la Marne : on y compte au-delà de 30,000 habitans ; Châlons est le chef-lieu de l'administration centrale. On a réservé pour Reims les tribunaux civil et judiciaire, que Châlons veut absolument avoir, sans qu'il puisse donner des raisons valables de cette prétention. Malgré tous ses efforts, le gouvernement, jusqu'à ce jour, semble avoir décidé que Reims serait le siége des tribunaux ; cependant Châlons ne se déconcertera pas.

Pendant mon séjour à Reims je fus témoin de cette animosité qui met constamment aux prises deux cités rivales. La haine et le ressentiment règnent toujours entre deux villes un peu considérables ; ces fureurs ont bien plus de force, si ces villes sont voisines l'une de l'autre, bientôt l'une fera marcher ses citoyens contre les citoyens de l'autre.

Cette jalousie de domination a sa source dans cet orgueil naturel à l'homme qui, le flattant par le sentiment de l'égoïsme, veut qu'il se préfère à tous les autres individus, qu'il aime mieux sa famille que celle de son voisin, et qu'il exalte les cailloux de sa cité de préférence aux cailloux des autres villes.

Cette idée de suprématie serait peut-être plus supportable, si, par un mouvement patriotique, tout combat de souveraineté s'établissait entre le citoyen et l'étranger, entre le Français et l'ennemi ; mais qu'une telle prétention divise les enfans de la même patrie, qu'elle les isole de tout sentiment public, c'est un mouvement farouche qui flétrirait à jamais tous les nœuds de la fraternité, si une éducation plus égale et plus philantropique, ne tendait un jour à donner une direction plus franche et plus amie à cette propension sauvage qu'ont tous les hommes à prétendre au pouvoir absolu. Cette réflexion est générale, et ne peut être attribuée particuliérement à la conduite précaire de deux villes.

Parmi ces citoyens toujours prêts à s'injurier pour l'intérêt de leur fumier, il en est un grand nombre qui mûs par une philosophie plus éclairée, détestent ces insolences de corps, et qui, frères de toutes les cités, ne prêtent ni leur plume, ni leurs conseils, à l'humeur atrabilaire de la multitude intéressée. Quoi qu'il en soit de ces cabales urbaines, cabales dont il ne faut attribuer l'empire ou la durée qu'à la sottise ou à l'inconvenance des lois, le peuple de Reims est doux, civil et très-affable. Cette ville a été préservée, par la douceur même de ses citoyens, de ces factions terribles qui ont renversé le caractère de tant d'individus ; la populace même de cette cité, ne s'est guère livrée à des fougues passagères, qu'en vertu des lois décrétées par l'anarchie.

Les Rémois ont aidé les beaux jours de la révolution avec cette généreuse ardeur qui distingua les membres vertueux de la grande famille, ardeur qui fut indépendante de tous les excès qui se développèrent ensuite sur le sol de la France. Un décret de l'assemblée nationale prononça que les citoyens de Reims avaient bien mérité de la Patrie, et ce sénatus-consulte est gravé sur le fronton de leur maison commune.

V.

Cathédrale de Reims. — État actuel de cet édifice. — Perspective du haut de ses tours. — Toît intérieur de ce monument. — Charpente curieuse.

REIMS a assez d'étendue, et ses faubourgs renfermés dans les murs de la ville, ne laissent pas que d'être considérables. Les plus beaux monumens de cette ville sont, comme par-tout ailleurs, les édifices religieux. La cathédrale de Reims, si renommée par son portail, se distingue à une très-grande distance. Ce portail si fameux est surchargé, suivant les manières gothiques, d'une multitude infinie de figures travaillées avec le plus grand soin : toutes ces figures délicates sont situées dans le bas du portail ; mais les bustes colossaux des rois de France qui se trouvent au haut de l'édifice, et que j'ai été à même de voir de très-près, étaient d'une construction si difforme, qu'ils faisaient presque peur.

Ce portail qui jouit de la plus haute réputation, et qu'on ne cessera jamais d'admirer, est pourtant bien au-dessous de celui de Saint-Michel de Dijon : ce dernier a repris sa place supérieure dans l'esprit des connaisseurs lorsqu'il a été mieux étudié.

J'entrai dans cette fameuse cathédrale, ce trône de tant de solemnités, ce siége de tant de magnificence et de splendeur, cette basilique honorée de toute la faveur et de la munificence des rois. Ses ornemens et ses somptueuses décorations ne subsistaient plus ; l'on errait en solitaire sous ces voûtes admirées autrefois par la foule si pressante des étrangers : ses murs étaient dépouillés et toutes ses colonnes dégarnies ; enfin elle avait été convertie en théâtre pour les hauts faits des Jacobins de la ville.

Parmi les objets qui arrêtèrent ma curiosité, dès mon entrée dans cette église, je distinguai les deux belles roses en vitrage d'une grandeur démesurée, qui se dessinent sur le revers du portail. Il paraît que leur destruction a paru inutile : la plus élevée de ces roses est de forme gothique, et par conséquent d'un travail assez ancien, ses couleurs sont bien empâtées et fort solides ; la seconde est d'un plus joli goût et de main moderne, mais sa teinte sera moins durable que celle de la première ; le rouge, le bleu, le jaune et le verd dominent également dans les deux roses, mais d'une manière crue, sans ruption, et suivant le style des Egyptiens. Le coup-d'œil de ces beaux ornemens est superbe, à les considérer de l'extrémité la plus opposée de l'édifice. C'est tout ce que l'on voit de remarquable dans l'intérieur de cette cathédrale, en fait de décoration ; il s'y trouve encore quelques tableaux et entre autres celui du paralytique de la Fosse, tableau assez renommé par la couleur dont ce peintre était enthousiaste (4).

Je restai une assez grande heure dans cette église, dont tous les battans étaient ouverts, et je n'y vis personne ; il est vrai que ce n'était pas l'heure de la messe, à laquelle assistent tous les dévots de Reims, qui ne sont pas en petit nombre.

* Je desirai monter au comble de la cathédrale, et m'adressai à cet effet au gardien de cette église, qui, au tems du roi, avait rempli ces mêmes fonctions de *Cicerone*.

Nous suivîmes d'abord les détours d'un escalier circulaire d'une élévation prodigieuse ; l'on ne peut franchir cette montée qu'après

---

(4) Les objets qui se conservaient au trésor, et qui n'existent plus, étaient un évangile en langue esclavone, enrichi de diamans, sur lequel le roi faisait le serment le jour de son sacre ; une croix d'or de 5 pieds de haut, don du cardinal de Lorraine ; le calice du fameux archevêque Hincmar, de l'an 880, qui passait pour le plus riche de France, etc.

avoir tourné continuellement, et à une certaine élévation l'on finit par être tellement étourdi que l'on ne sait plus ni ce que l'on dit, ni ce que l'on voit.

Sur ces combles, règne tout à l'entour une balustrade de pierre extrêmement dure; entre cette balustrade et le toît, couvert de plomb, de la cathédrale, il ne se trouve de passage que pour un seul homme : sur ce plomb on parcourt les noms infinis de ceux qui, montés jusques-là, les ont gravés sur cette cîme, comme une preuve certaine que l'on ne peut s'élever au-delà. Je lus sur cette couverture des noms jadis illustres, et dont les personnages n'existent plus, quoique depuis bien peu d'années.

Je considérai, de cettte éminence terrible, le superbe spectacle qui se développait au-dessous de moi : autant la terre me parut basse et rampante, autant je me crus près du ciel; je ne regardai ces Rémois que comme des pygmées qui roulaient dans leur ridicule place, et la ville de Reims que comme un assemblage de maisons de cartes. En une demi-heure de tems, je ne sais quel démon m'inspira ces sentimens d'orgueil, j'avais contracté tant de hauteur que je ne voulais plus descendre.

Le Gardien me dit : « Puisque vous en avez

„ l'envie, l'on peut encore monter bien plus
„ haut. C'est dans l'un des clochers situés vers
„ l'Est, que l'on aperçoit distinctement et par
„ une belle journée, les tours de Châlons qui
„ sont à dix lieues d'ici. „

Dans l'un des coins de cette longue et étroite balustrade, se trouve un petit escalier que l'on suit pour parvenir à deux tourelles énormes; ces flèches sont à jour, et il faut conserver assez de sang-froid pour ne pas tomber à travers ses ouvertures, malgré tous les garde-fous : il semblerait que ces tours si délicates vont tomber au souffle même du zéphyr, et alors rugissait l'un des vents les plus impétueux. Il fallait certes que ces architectes issus de Goths, et que nous traitons de barbares, eussent des idées bien justes et bien profondes de la solidité, puisque le bourdon épouvantable et le mouvement effrayant de ces cloches prodigieuses qui s'agitaient dans ces tours à dentelles, n'étaient pas capables de les ébranler.

Les cloches de la cathédrale de Reims n'étaient plus, à cette époque, dans les loges qu'elles avaient si long-tems occupées : un sentiment particulier de civisme les avait fait descendre, et elles couraient par fractions indéfinies dans les mains des citoyens. Une seule néanmoins, et c'était la plus forte, y dormait encore. Elle était entièrement démontée; on la conservait, disait-on, pour servir de tocsin.

Dans le haut de ces tours qui ne sont plus fréquentées avec autant d'empressement qu'autrefois, vivait en paix une grande quantité de corneilles qui remplissaient ces lieux solitaires de leurs cris rauques et déchirans.

Quand on descend de ces tours, alors l'imagination s'effraie même involontairement, parce que le danger semble se présenter de toutes parts, et que l'on pense qu'on va se précipiter dans le vide immense qui s'ouvre devant vous. J'ignore comment des femmes ont pu monter jusques-là, et, au rapport du Gardien, plus d'une, par partie de plaisir, s'était fait servir à dîner dans un de ces petits cabinets que l'on trouve dans la petite tourelle de l'*Ange*, et qui, je crois, est à la même élévation.

J'allai visiter ensuite l'intérieur de ce même toît de la cathédrale : il est soutenu par d'immenses charpentes disposées avec le plus grand art. Le bois dont elles sont composées est de noyer, et aussi frais que s'il venait d'être mis en œuvre ! cependant depuis la pose de ces charpentes, que de siècles se sont écoulés ! Cet ouvrage admirable, qui seul aurait dû établir la réputation de son inventeur, sert aujourd'hui de retraite aux corneilles et aux chauve-souris. Ces travaux singuliers, qui ont été vus de peu de personnes, sont cependant bien dignes de la plus honorable curiosité. Cependant si l'on veut admirer ce chef-d'œuvre d'une construction tout à la fois curieuse et utile, il faut sans retard se rendre sur les lieux. L'avide spéculateur est peut-être là : prenez garde, malgré toute votre diligence, qu'il n'ait livré ces magnifiques travaux à la hache ou au tison du brasier. Ah ! puisse-t-on ne pas détruire un monument qui atteste, d'une manière si grande, le talent de nos ancêtres ! Que leurs fils ne soient pas traités à leur tour de vandales, eux qui osaient de ce nom gratifier leurs pères ! Puisse-t-on convertir cette basilique superbe en un édifice d'utilité publique, et ne pas lui faire éprouver le sort de la belle église de Saint-Nicaise de Reims !

A la fin je payai mon honnête Gardien de manière à le bien remercier. Ce citoyen, qui tirait autrefois un assez grand profit de la visite des étrangers, ne comptait plus sur cette ressource. Il paraît même que le calcul de la municipalité faisait entrer dans son médiocre salaire les rétributions qu'il obtenait des curieux, pour les faire courir sur les toîts de la cathédrale ; car depuis six mois il n'avait encore rien touché. Il m'invita à présenter sa requête au ministre de l'intérieur ; je l'invitai à mon tour à la lui présenter lui-même ; car les émolumens de tous les fonctionnaires publics se trouvant à cette époque grandement arriérés, il était de toute certitude que la requête du Gardien de l'église de Reims n'aurait pas été accueillie de préférence à tout.

V I.

Place de Reims. — Obélisque de bois, consacrée à l'Immortalité. — Musée de cette ville. — Ancienneté de Reims. — Portes qui ont reçu leur nom des Romains. — Campagne du côté de la Vesle. — Abondance et délicatesse des vivres. — Vins de Champagne. — Théâtre de cette ville.

Au sortir de la cathédrale, j'allai sur la place nationale. Cette place date du règne de Louis XV, et forme un quarré parfait : les bâtimens qui l'environnent sont du meilleur goût. Du milieu de cette place majestueuse s'élève un piédestal de marbre blanc, sur lequel était la statue pédestre de Louis XV, en bronze, de la main de Pigale. Cette statue a été abattue, mais l'on a conservé les deux grandes figures d'airain qui décoraient ce piédestal, dont l'une représente le Commerce, l'autre la Force. Depuis la révolution, l'on a substitué à l'image royale de bronze, une obélisque de bois que les Rémois ont consacrée à l'Immortalité. Quoique ce nouveau monument soit des plus mauvais, cependant il est dans une situation merveilleuse, et il peut être vu de toute la ville, parce qu'il est en regard à l'immense rue de Vesle.

Près de cette place est un couvent d'orphelines, où l'on a relégué des tableaux et quelques fragmens de sculpture qui se voyaient dans l'abbaye de Saint-Rémi, et qui constituent l'aride musée de Reims. Le conservateur de ce stérile cabinet, était un ci-devant chanoine de la cathédrale, homme très-instruit, surtout dans l'astronomie; il me proposa de me faire voir ce musée; mais comme cet honnête citoyen était alors assez indisposé, je le remerciai, d'autant plus que je savais que ce dépôt ne renfermait que des pièces entièrement mutilées.

Reims renferme d'assez beaux quartiers, mais il en est d'une laideur extrême : cette ville est fort ancienne et existait du tems de César sous le nom de *Durocotorum;* elle était de la deuxième Belgique; c'était là qu'aboutissait l'une des voies militaires de l'empire Romain ; et Reims devint remarquable par sa manufacture où l'on dorait les armes impériales. Cette cité des Gaules devint si célèbre par ses écoles, que Cornélius Fronto, fameux rhéteur du tems d'Adrien, la compare à la ville d'Athènes. L'on voit encore quelques restes d'antiquité aux environs de cette ville.

Reims est entourée de murailles qui ont été élevées dans le tems de l'anarchie féodale ; quelque faibles qu'elles paraissent aujourd'hui, cependant elles ont su réprimer l'insolence de ce roi d'Angleterre, qui, du tems de Charles V, bravait si impunément toutes les forteresses de France.

Reims a six portes qui, pour la plupart, ont reçu leur nom des Romains : telles sont la porte de Mars, de Cérès, de Bacchus, du Dieu-Soleil. Les campagnes que l'on voit du haut de ses remparts sont d'un aspect assez triste, par la mauvaise qualité du terrein qui est sec et pierreux ; ce n'est qu'aux environs de la Vesle, et dans la partie la plus méridionale, que la terre plus souple et plus rafraîchie, présente des bouquets de verdure et des fleurs champêtres qui croissent spontanément sur les îlots de la Vesle, ce qui produit un agréable contraste avec toutes ces terres jaunâtres qui fuient dans le lointain.

Il fait cher vivre à Reims, quoique l'abondance règne dans ses marchés. Le territoire de cette ville est renommé par l'excellence de ses moutons; par la grosseur et la bonté de ses pigeons; par ses dindes, dont les troupeaux embarrassent les rues aux approches de l'hiver. Cette ville est fort connue par l'apprêt de quelques-uns de ses comestibles, entre autres par son pain d'épice qui est supérieur à celui de la Belgique; ses fromages de porc, dont il se fait des transports continuels à Paris; ses poires de rousselet, qui se débitent dans des petites boëtes : en outre, elle obtient de Troyes des hures farcies de sangliers; de Sainte-Ménéhould, des pieds de cochon, si recherchés; de la Meuse, ses belles écrevisses rouges; les chèvreuils, des Ardennes et les outardes des environs; tout le petit gibier y abonde. Le poisson de mer est la seule chose dont Reims soit privée; mais la quantité de son poisson d'eau douce sait bien la dédommager de cette abstinence illusoire. J'ai vu dans ses marchés des brochets monstrueux et de superbes anguilles; enfin, tout semble se réunir ici pour compenser l'ennui et la solitude de la vie, par l'agrément et la dissipation de la table.

Les vins rouges des environs de Reims sont exquis et bienfaisans, quoique d'un goût piquant et d'une saveur enflammée. Les vins mousseux, et autres, que cette ville retire d'Aï, et de vingt autres endroits, pour les faire prospérer dans ses caves, et les disperser ensuite par le commerce, assurent à cette ville des richesses certaines. L'on en transporte par toute l'Europe; et ce sont des vins de Champagne que les Anglais sont principalement passionnés. La plupart d'entr'eux venaient autrefois à Reims, pour goûter sans mélange, et s'assurer sur les lieux mêmes de la sincérité des vins d'Aï et d'Epernay. Du tems des Romains, la vigne cultivée dans les sables de Reims, avait déjà acquise une certaine réputation. Ils donnèrent précisément le nom de Bacchus à la porte de la ville qui conduit sur la route des vignobles d'Aï, c'est-à-dire, vers le lieu où se recueillent aujourd'hui les meilleurs vins de la province.

Supprimez les plaisirs de la table, Reims n'est plus qu'un tombeau pour les étrangers; quoique le peuple y soit assez sociable, cependant il s'y trouve peu de société; à l'exception des jours de fête, l'on voit peu de monde dans les rues et encore moins à leur promenade, qui est l'une des plus belles de France. Les cafés sont assez fréquentés ainsi que les billards, par les marchands qui vont s'y récréer le soir; pour les ouvriers, ils encombrent toutes les tabagies.

La salle de la comédie est très-bien située, elle est petite; je la vis repeindre entièrement, pendant mon séjour à Reims, sans que cette peinture ait pu la rendre plus gracieuse. L'on y donnait, à cette époque, des tragédies qui fesaient éclater de rire, et des comédies qui fesaient étrangement hausser les épaules.

VII.

Ouvriers employés aux manufactures de Reims. — Leur dissipation, par suite de leur oisiveté accidentelle. — Triste état du commerce.

Les manufactures de draps de Reims, etc., emploient une si grande quantité de bras, que sur une population de 30,000 habitans, il ne s'en trouve peut-être pas mille qui n'y soit plus ou moins employé ou intéressé. Aussi, peu de villes de l'intérieur de la République, ne renferment une multitude aussi considérable d'hommes de journées, que tient à sa solde un assez petit nombre de riches entrepreneurs; ce qui peut rendre ceux-ci dangereux dans les tems de révolution.

La facilité de se procurer des vins à Reims, fait que les ouvriers y sont continuellement ivres ; ils l'étaient d'autant plus volontiers, à cette époque, que l'absence absolue du commerce les laissait croupir dans l'oisiveté ; ils passaient, au milieu des brocs, les jours et les nuits ; et comme, dépourvus d'ouvrages et dénués d'argent, ils ne pouvaient payer en sortant, ils s'ensuivait souvent des rixes et des combats assez sérieux. Le lieu où ils se rassemblaient de préférence était la maison de l'Arquebuse, située à l'une des extrémités de la ville ; c'était peut-être la tabagie la plus décidée de la République : il s'y trouvait toujours un ramas de femmes qui ne contribuaient pas peu à porter le trouble parmi ces compagnons. Malgré tous les soins de la police, cette maison était le siége triomphant de la débauche, que l'ennui et le désœuvrement de ces individus devaient exciter sans cesse.

Reims est rempli de magasins, et ses magasins regorgent de toute espèce de marchandises, qui ne trouvaient alors aucun débouché. Les impôts sur les voitures, la difficulté du transport, les taxes sur l'entretien des routes, qui devenaient de jour en jour impraticables ; le défaut de confiance, le resserrement du numéraire, tout avait donné une mort inévitable au commerce. Dans cette situation tout à la fois pénible et désespérante, il se tenait encore à Reims de grandes foires, à trois époques fixes de l'année : mais ce n'était qu'un amas de ballots sur ballots, ce n'était qu'affluence de marchands sans acheteurs ; tel était le triste effet de ces lois folles et imprévoyantes, qui, plus que les circonstances, avaient porté partout le désordre et la calamité.

VIII.

Superbe promenade de Reims.—Remparts de cette ville.—Quartier Saint-Rémi.—Sa fameuse abbaye.—Destruction de toutes ses curiosités.—Son état présent.—Saint-Nicaise.—La rue Barbâtre.—Autorités civiles.

La promenade de la ville est hors des remparts en passant par la porte Neuve : elle est vaste et spacieuse, ornée dans tous les sens de grands arbres, bien sablée, et parée de pelouse et de verdure ; une partie de cette charmante promenade s'étend le long des eaux tranquilles de la Vesle, ce qui la rend délicieuse en été ; une autre partie s'écarte irrégulièrement de celle-ci, et la masse générale présente un triangle. Cette belle promenade, que de loin l'on prendrait pour une forêt, est l'un des jardins de France les plus dignes de la curiosité de l'étranger. Ce jardin doit plaire d'autant plus aux citoyens de Reims, que c'est le seul endroit où les arbres paraissent croître avec le plus de facilité, tandis que dans le rayon de quelques lieues de cette ville, on rencontre à peine quelques taches, de verdure. Cette promenade est très-fréquentée les jours de fête. Les remparts offrent également une promenade assez agréable, quoique les fortifications à l'antique qui s'en élèvent, dérobent entièrement la vue de la campagne. En faisant, dans une grande matinée, le tour complet de ces remparts, j'arrivai à la porte de Bacchus, qui se trouve dans le quartier de Saint-Rémi.

Ce côté de Reims a l'aspect d'un grand village; la rue qui mène à l'église abbatiale est d'une largeur extraordinaire, et paraît une place continue; de droite et de gauche s'élèvent des maisons pitoyables, placées sans alignement et habitées par la misère. Cet extérieur de pauvreté étonne, parce que l'abbaye de Saint-Rémi ayant été très-opulente, et d'une grande ancienneté, il était à présumer que ce quartier devait être dès long-tems habité, et par suite embelli; que dans la succession des tems les serfs devenus libres, et les seigneurs rendus plus vains, par un luxe nouveau, devaient concourir aux ornemens de cette section de Reims, réputée la plus sacrée, par la présence des reliques de Saint-Rémi.

Tout ce côté de la ville n'était peuplé que de couvens, d'abbayes et de congrégations, dont les jardins et les accessoires absorbaient un terrein considérable.

La façade de l'église de Saint-Rémi, est d'un style antique, mais point du genre des Goths ; l'architecture en paraît des Arabes ou Sarrazins, ce qui pourrait peut-être en faire remonter l'origine jusqu'à Charles Martel ; tems où les Maures dominèrent une partie de la France. L'intérieur de cet édifice est remarquable par la hardiesse de sa voûte, mais la lumière n'y entre que par quelques petites ouvertures, ce qui lui donne un air fort triste, quoique religieux. C'est ici où la gentillesse des jacobins de Reims s'est le plus signalée : cette superbe mosaïque qui pavait le chœur, et qui faisait l'admiration des étrangers, a été arrachée et dispersée, il n'en reste plus de trace ; toutes les dalles des entre-colonnemens l'ont été de même, de sorte que l'on ne marche plus que sur le plâtre et dans la poussière ; le beau tombeau romain, la châsse de Saint-Rémi, si curieuse par les douze pairs de France, n'existent plus; la Sainte-Ampoule, que Hincmar disait être de l'année 496, a été mise en pièces par le député conventionnel, Legendre, etc. etc. Cependant cette église est encore ouverte au culte public; la seule décoration que j'y aie rencontrée, consiste en de belles tapisseries de soie qui figurent l'histoire de Saint-Rémi, les personnages en étaient costumés comme au tems de Charles V; elles m'ont paru fort intéressantes sous le rapport historique.

Au dehors de cette église, est une halle qui était couverte de cabanes de bois que l'on venait de construire; ces boutiques attendaient les marchands qui accouraient à la fameuse foire de Saint-Rémi, qui a lieu ici tous les ans avec beaucoup de solemnité. Quoique dans ce tems de misère les marchands fussent assurés de ne rien vendre, l'habitude les forçait toujours à se rendre à cette foire.

Le superbe palais des religieux est attenant à l'abbaye; il est de construction moderne, et bâti avec élégance. Il renfermait encore l'ancienne et précieuse bibliothèque de l'abbaye: 900 manuscrits fort rares avaient été déjà consumés dans les flammes en 1774; les volumes qui subsistaient encore reposaient alors tranquillement dans la poussière du cloître : c'est dans cette bibliothèque que l'on trouva, sous le règne de Henri IV, le manuscrit des Fables de Phèdre.

A peu de distance de là, j'ai considéré, pour la dernière fois, le portail décoré de sculptures si fines et si gracieuses de l'église de St.-Nicaise. Cet édifice était fort célèbre par ce pilier ou arc-boutant qui branlait d'une manière si extraordinaire au son des cloches. Parmi un grand nombre d'autres piliers, celui-ci était le seul sur lequel cette particularité s'exerçait. Ce bel édifice venait d'être vendu à Santerre, le Brasseur, 45,000 francs, et l'on prétendait que la vente seule des superbes pierres de taille de ce monument lui rendrait plus de 600,000 fr.

Au bas de la place Saint-Nicaise s'ouvre cette rue immense par son étendue, où se sont établies presques toutes les manufactures de la ville ; c'était l'heure du dîner, et je vis cette rue *Barbâtre*, obstruée d'étrange sorte par des flots d'ouvriers qui, tous sur leur porte et au milieu de la rue, prenaient leur repas sur le poing, suivant leur coutume.

Reims est le siége d'une municipalité qui fait sa résidence dans un assez bel édifice qui n'est pas achevé, et dont l'architecture m'a paru être du XVIe siècle. Cette ville est le siége des tribunaux civil et criminel du département de la Marne, etc. Ces autorités étaient composées d'hommes honnêtes, modestes et instruits.

I X.

Départ de Reims.—Saint-Thierry, maison de campagne des archevêques.—Berry sur l'Aisne.—Corbeny.—Triste état des routes.—Arrivée à Laon.

JE partis de Reims le 8 ventôse, an 7, pour me rendre à Lille où je venais d'être appelé.

Il faisait un tems affreux ; une pluie froide tombait en abondance ; l'hiver dont nous sortions à peine avait été des plus cruels et des plus funestes. Les chemins mal pavés étaient devenus impraticables ; le brouillard qui nous accompagna à notre sortie de Reims était si épais, qu'à quelques pas on n'apercevait plus cette ville. Par intervalle les tours immenses de la cathédrale semblaient surmonter cet obstacle de nuages qui les pressaient. Tout ce qui frappait nos regards était à la fois lugubre et mélancolique.

Nous rencontrâmes sur la route de Laon un grand nombre de rouliers, dont les voitures extrêmement chargées s'abymaient dans ces chemins qu'elles rendaient de plus en plus impraticables. Sur la gauche de cette mauvaise route l'on signale les clochers de Saint-Thierry, village de la plus haute antiquité, célèbre par une abbaye fondée sous la première race par Saint Rémi, et depuis, par le magnifique palais des archevêques de Reims. Ce palais, dont le territoire fort étendu, est riche en bois, en vins et en blé, a été vendu depuis peu en sa qualité de domaine national.

C'est à Berry-sur-Aisne que l'on change de chevaux. L'Aisne est ici fort large, et on la passe sur un bac : cette rivière avait débordé à la suite de la débacle des glaces et avait converti les plaines qui l'avoisinent en longs marais, d'où s'élevaient beaucoup d'arbustes et de roseaux. Les bords de l'Aisne ne sont pas élevés ; ses eaux sont tranquilles, et elles se rendent dans l'Oise en côtoyant humblement ces montagnes d'une couleur noire, taillées à pic et couronnées de quelques arbres qui semblent fuir plus au midi. Berry est un mauvais village.

Les relais étaient si mal servis, que ce ne fut que vers le soir que l'on put continuer le voyage. Nous nous rendions à Corbeny, où l'on trouve encore un nouveau relai. La campagne présentait beaucoup de bois, mais le coup-d'œil en fut assez uniforme dans l'espace de cinq à six lieues.

Corbeny est un bourg aussi sale qu'il est ancien ; c'est dans son abbaye de S^t^.-Marcoul que les rois de France, de tems immémorial, venaient, après leur couronnement à Reims, toucher ce qu'on appelle les écrouelles. Ce Corbeny n'a pas, je crois, une seule maison moderne ; tout y est mal bâti et d'un aspect repoussant. J'entrai dans un misérable café où je vis le journal des Spectacles, journal très-particulier pour ce village.

Nous devions coucher ce soir-là à Laon, et je voyais avec peine, dans le pénible état où se trouvaient les postes, que nous n'y arriverions que fort avant dans la nuit. Les chemins étaient boueux, brisés, hors de service ; aucun ne s'était trouvé encore pavé. Il pleuvait toujours, mais par ondées.

Nous passâmes par quelques villages ; de grands bois, quoiqu'assez éloignés de nous, s'étendaient sur tous les fonds de l'horizon. Nous gravîmes une montagne très-rude à pied. Sur le sommet on peut jouir d'une perspective immense, mais le tems étant obscur, il ne fut guère possible de goûter les charmes de ce spectacle si vanté. Cette montagne s'était dégradée, en plusieurs endroits de la route, et la force des pluies continuelles avait, pour ainsi dire, déraciné des pierres énormes, de l'espèce de celles que l'usage a dès long-tems converties en meules de moulin.

Parmi nos compagnons de voyage, je remarquai un homme d'un âge mûr, de Laon, qui, livré au commerce de bijouteries, ramenait dans sa cité tous ses bijoux, que le cahos d'une autre voiture avait entièrement dégradés; trois jeunes gens extrêmement grossiers, qui revenaient de Reims où ils allaient habituellement, aux grandes foires, vendre des porcs par troupeaux. Ils retournaient chez leurs parens avec l'argent qu'ils avaient obtenu de leur vente, et dont ils dépensaient une bonne partie dans tous les cabarets de la route, où ils ne décessaient de boire et de s'enivrer. Quoique ces jeunes paysans ne fussent pas d'un naturel bien méchant, il était aisé de voir que la boisson les autorisait puissamment dans leur dépravation.

A deux lieues de Laon la route est bordée de hauts peupliers; c'est positivement où l'allée des peupliers vient à cesser, que l'on commence à trouver le chemin pavé. Nous n'étions plus qu'à une demi-lieue de Laon. Arrivés dans le faubourg qui est au bas de cette montagne sur laquelle Laon est située, nos trois jeunes gens, devenus plus civils, nous donnèrent le bon soir et se jetèrent dans la première taverne. Bientôt je restai seul. L'auberge où je descendis est assez bonne; elle est vaste et spacieuse. J'étais le seul étranger dans cette maison; le souper qui me fut servi était le même que celui que je rencontrai depuis sur toute la route jusqu'à Lille : il consistait principalement en brochets médiocres, d'un goût assez fade, et qui, dans cette saison, sont très-communs dans toute cette province.

X.

Montagne de Laon. — Situation charmante. — Ancienneté de cette ville. — Édifices gothiques. — Église épiscopale. Pierres numismales. — La Fère. — Rivière de l'Oise. — Cénotaphe dressé par les Élèves de la Fère au général Hoche. — Carillon.

Le lendemain, 9 ventôse, je desirai, avant de quitter le faubourg de Laon, gravir la montagne où repose la ville, et voir cette cité siége des rois de la seconde race. La montagne était au matin enveloppée d'un brouillard très-profond, quoique le bas faubourg en fût entièrement dégagé ; mais les brouillards de Laon ne tardèrent pas à se fondre, et nous eûmes enfin une belle matinée. La montée de Laon est extrêmement pénible, et cette marche exige beaucoup de tems. Parvenu sur le point le plus élevé, l'on commence à jouir d'un horizon sans bornes ; l'œil se promène et s'étend avec délices sur les plaines les plus vastes et les plus fertiles, sur les flancs de la montagne même couverts d'arbres et de vignobles. Cette position, aussi charmante que forte, a dû la faire distinguer dès les premiers tems : aussi l'anarchie féodale n'a-t-elle pas manqué de profiter de ces avantages. Cette ville qui doit sa naissance à Clovis, et ses embellissemens à Saint Rémi, qui des libéralités du prince y fonda l'église épiscopale, n'offre partout que des édifices antiques et d'une forme assez hideuse. (5)

---

(5) Vers l'an 488, la ville de Laon fut assiégée par les Vandales, les Alains, les Huns, etc. ; mais quoiqu'ils se fussent rendus maîtres des plus fortes places des Gaules, ils échouèrent devant celle-ci, qui n'avait d'ailleurs pour défense que sa situation et son isolement sur une montagne. Les rois Charles-le-Simple, Louis d'Outremer, Lothaire, Hugues Capet, firent leur demeure ordinaire dans la ville de Laon : leur palais était encore occupé dans ces derniers tems par les Cordeliers, auxquels Saint Louis l'avait donné.

A l'entrée de la ville, vous voyez à droite de vieux murs qui s'échappent; ils enveloppaient la ville, et lui tenaient lieu de fortifications : au bas de ces noires murailles l'on trouve une terrasse qui suit le contour de ces murs; cette terrasse, ornée d'une allée d'arbres, sert de promenade aux Laonais. La ville a de ce côté plusieurs portes; la plus remarquable que j'aie trouvée sur mon passage, est une grande arcade flanquée et surmontée de tourelles; la pierre de ces portes est extrêmement noire : en marchant vers la cathédrale l'on trouve à gauche une tour énorme et très-élevée qui, bâtie par Philippe Ier de France, devint la principale forteresse des anciens dominateurs de Laon, et sert aujourd'hui de prison.

L'on rencontre sur cette même route un assez grand nombre d'édifices gothiques qui paraissent avoir servi autrefois aux premières autorités. La cathédrale est un monument immense, d'une hauteur considérable, supérieurement bâtie, et dessinée sur un plan assez singulier ; elle fut bâtie dans l'état où on la voit encore en 1115 ; elle domine un côté de la promenade du rempart, et n'a devant elle aucun bâtiment. A considérer, du bas de la montagne, ce bel édifice, je crois que ce coup-d'œil doit être également majestueux ; du haut de ses tours l'on voit facilement Saint-Quentin qui est à 11 lieues de Laon. La cathédrale était alors fermée, et je ne pus en considérer l'intérieur. Je redescendis la montagne, pressé par le départ de la voiture.

Laon est le chef-lieu du département de l'Aisne; il est le siége des tribunaux civil et criminel de ce même arrondissement. Le territoire de Laon fournit un vin assez médiocre, qui se consomme dans les départemens de la Somme, de l'Oise, de la Lys, de l'Escaut, etc. On y recueille beaucoup de lin et de chanvres. Il se fait à Laon un commerce considérable d'artichaux, que l'on transporte à Paris, et même en Flandre.

Nous marchions vers la Fère sur un chemin sablonneux, c'est-à-dire, solide et toujours beau. Jusqu'à cette ville nous vîmes beaucoup de collines, de touffes de bois et des forêts; il est une de ces forêts qui a une étendue de près de vingt lieues sur une seule ligne, qui part de St.-Gobin, et va se perdre dans le Nord. C'est cette forêt qui sert aux besoins de la célèbre manufacture de glaces de St.-Gobin, qui est à deux lieues de Laon sur la gauche de la route.

Depuis Laon jusqu'à la Fère, la terre est remplie de pierres numismales ou lenticulaires. Les pierres même dont ces deux villes sont construites, sont pleines d'huîtres et de ces lenticulaires mêlées de dentales ; dans les environs l'on trouve des mines d'alun et beaucoup de ces cailloux crystallisés, dont on fabrique les superbes glaces de Saint-Gobin, en y joignant de la soude d'Alicante.

Les approches de la Fère sont admirables ; mais avant de parvenir jusques-là il est une infinité de monticules qu'il faut franchir, et qui rendent la route assez fatigante et ennuyeuse. La Fère se présente à gauche dans un fond ; vers la droite l'on voit à perte de vue les belles eaux de l'Oise, qui circulent en mille sinuosités à travers des forêts de peupliers. La Serre verse le tribut de ses ondes dans l'Oise, presqu'aux portes de la ville ; une autre branche de l'Oise s'étend plus à l'Ouest et vient s'unir à l'autre canal, produit de cette même rivière, au Sud de la Fère, et enveloppe entièrement la ville qui, par-là, se trouve placée dans une île.

Indépendamment de cette situation avantageuse, la Fère est cernée de murailles. En entrant dans cette ville, qui est toute militaire, vous trouvez sur la droite les superbes casernes destinées aux éléves de l'artillerie; à l'exception de ces casernes, le reste de la ville n'offre rien de remarquable. Cet édifice est bâti tout en briques, il très-régulier, et on le considère avec intérêt. Au centre des différens corps de ces casernes se trouve une place où je vis un modeste cénotaphe, que le zèle et la douleur des soldats venaient d'élever au souvenir de Hoche.

Il se trouvait alors fort peu d'éléves à la Fère; je ne vis, à cette époque, que des conscrits qu'on exerçait pour l'armée, et qu'on envoyait successivement à Douay, qui était le dépôt général.

J'ai considéré, dans cette ville, une horloge ou campanille, dont l'usage est si général dans la Flandre; j'en avais déjà entendu les sons assez bizarres, dans la cité de Reims. Ces carillons qui exécutent une phrase de musique avant que l'heure ne sonne, ont été dérangés presque partout, et l'on n'a pas encore pris la peine de les réorganiser. Ces airs importunent les étrangers, parce que le chant de la campanille étant d'ordinaire assez long, l'heure que l'on attend est toujours éloignée. Dunkerque et Bruges jouissent de la plus grande réputation dans ce genre de sonnerie.

C'est à la Fère que commence à paraître cette architecture flamande et cette bâtisse en briques qui rendent toutes les villes du Septentrion, d'une teinte entièrement rouge et d'une forme assez singulière. Les carrières de pierres étant assez rares dans toutes ces contrées maritimes et marécageuses, donnent la raison de cet emploi général de briquetage.

X I.

Epoque des élections. — Vaste champ ouvert à l'intrigue et à l'ambition.—Débordement de l'Oise.—Dernières montagnes que l'on rencontre vers la Flandre.

C'ÉTAIT alors le tems prochain des élections; le mois de Germinal, attendu avec une impatience si vive par les ambitieux et les frippons, allait bientôt arriver. Je trouvai à la table d'hôte, dans la Fère, un assez grand nombre de candidats qui, ayant exercé quelque place obscure dans le régime municipal, se flattaient, à l'aide de leur audace, d'obtenir une place éminente qui leur était due, disaient-ils, et qu'ils réclamaient à haute voix.

A cette époque les routes étaient couvertes

de voyageurs qui allaient d'une commune à une autre, d'un bourg à une ville, d'une ville à un chef-lieu. L'intrigue mettait tout en mouvement, l'intrigue aux doigts velus, se présentait seule sur la scène, se trouvant digne, disait-elle, de donner des lois à la France; rien n'était plus méprisable et plus révoltant que les propos de ces individus, qui se prétendaient nés pour le bonheur public.

Après le dîner, qui nous avait été servi par le cuisinier réformé des Prémontrés, et qui certes, valait bien toutes les discussions de ces politiques, je quittai la Fère, et pris la route de Saint-Quentin, avec un ci-devant curé de l'un des villages des environs.

Nous repassâmes sur plusieurs ponts les branches de l'Oise capricieuse : cette rivière était entièrement débordée par suite des glaces, et couvrait une immense étendue de terrein, dont elle avait ruiné pour l'année l'espérance.

Au sortir de la Fère, la marche devient irrégulière; l'on ne fait que monter et descendre. Ici se présentent les derniers rangs de ces montagnes qui, s'élevant du Hainaut et du Luxembourg, viennent déterminer le cours de l'Oise et de la Somme qui en arrosent les pieds, l'une à l'Orient, l'autre à l'Occident.

A deux lieues de la Fère nous parvînmes à escalader la cîme très-élevée de l'un de ces monts, d'où j'aperçus distinctement, et à travers le tems nébuleux qui les couvrait, les tours majestueuses de la cité de Laon, dont la distance était de sept à huit lieues.

Le soleil qui n'avait pas voulu se montrer de cette journée, nous apparut vers le soir à l'heure de son coucher : jamais cet instant ne fut plus brillant; il disparut bientôt dans son champ d'azur, escorté de ses nuages d'or sablés de vermillon. Ce grand appareil ne nous donna le soir même que du vent, que du froid, que le tems le plus diabolique.

XII.

Rivière de Somme. — Saint-Quentin. — Etangs affermés, à l'entrée de la ville. — Saint-Quentin existait sous un autre nom, du tems des Gaulois. — Nouvelle réflexion sur les jalousies provinciales.

Aux approches de Saint-Quentin, et quoique le jour commençât fortement à baisser, je vis au loin la Somme qui, vers la droite, avait l'étendue d'un vaste lac; toutes ses eaux étaient débordées. A l'entrée de la ville, plusieurs ponts s'élèvent sur les branches diverses de cette rivière ; nous ne côtoyâmes son véritable canal qu'un moment, et nous entrâmes bientôt dans Saint-Quentin, par l'un de ses ponts-levis.

Cette ville, dont l'entrée est fort sale et fort étroite, est assez bien située pour profiter de l'avantage de toutes les eaux dont elle est entourée. La Somme est célèbre par la délicatesse et surtout par la grosseur de ses carpes et de ses brochets. Le ci-devant curé de village qui était venu avec moi de la Fère, me montra à l'entrée de la ville de larges flaques d'eau, produit des débordemens de la Somme. » Ces » divers lacs, disait-il, formés par la Somme, » auxquels cette rivière même communique, » viennent d'être affermés par la Commune à » plusieurs individus : ces étangs sont extrê- » mement poissonneux. Dans une crue subite » d'eau, l'un de ces fermiers retira dernière- » ment, et en un demi-jour, de l'un de ces » étangs, près de 360 anguilles de la plus » forte espèce. » Ce curé estimait qu'une prompte fortune allait sourire à ce fermier, qui se trouvait être moine défroqué de l'ordre de Saint-Dominique.

Saint-Quentin est placé sur une élévation ; sa position heureuse a dû en faire dans tous les tems, une place fortifiée par la nature, elle l'a été ensuite par l'art. Philippe II, du tems des guerres de la ligue, mit beaucoup d'importance à s'emparer de cette ville qui, en effet, était la seule barrière qui pouvait encore couvrir la France. Quand on voit l'Escurial qu'il a bâti en l'honneur de la victoire qu'il remporta sur les Français, l'on démêle aisément à travers les efforts de cet orgueil colossal le sentiment de terreur que lui inspiraient les vaincus, au milieu même de leurs querelles civiles. Cette triste et complète défaite des Français peut être comparée aux fatales journées de Crécy, de Poitiers et d'Azincourt.

Saint-Quentin est une ville fort ancienne; elle était la capitale des Gaulois-Véromandui, dans la deuxième Belgique. La ville ayant été saccagée par les barbares, Saint-Médard, évêque de cette ville, se retira en 531 à Noyon; qui était la seconde ville des Véromandui. Dans la suite, le corps de Saint-Quentin ayant été retrouvé dans les mazures de la capitale des Véromandui ou Saint-Quentin, la ville se rétablit par la dévotion des peuples, et la foule que la religion y attira.

Cette ville est assez grande, bien peuplée et a diverses manufactures de toiles, de linon, de batiste, etc.; ses bâtimens sont de brique, et aucun ne m'a paru tracé sur des plans, soit élégans, soit nerveux; la place du marché est fort belle, c'est un carré-long entouré des trois côtés de maisons assez uniformes; la maison commune, qui ferme l'autre partie, semble déparer toute cette place; c'est un édifice petit, mesquin, ignoble; il est soutenu d'un rang de frêles colonnes et surchargé d'un mélange bizarre de découpures gothiques et castillanes; près de là est un beffroi; plus loin, la cathédrale, dont on vante quelques belles parties, et une collégiale, dont les architectes ne cessent d'admirer la hauteur.

Dans toutes ces villes où le sentiment sublime de la fraternité devrait comprimer les passions basses et serviles, où les idées républicaines devraient avoir imprimé à chaque citoyen un caractère fier et philosophique, l'on ne voit partout qu'une sombre envie, qu'une crainte sauvage, qu'une jalousie farouche agiter les membres de deux cités voisines. Soissons et Saint-Quentin détestent Laon, parce que cette ville est un chef-lieu. Laon les paie bien de retour, car celle-ci les regarde à peine du haut de sa montagne. D'où naît cette antipathie qui porte le trouble et la division parmi les enfans d'une même mère? D'où vient qu'une grande ville veut rivaliser avec une ville plus grande encore ? D'où vient qu'une ville marchande veut l'emporter sur un port militaire ? Ne faut-il pas toujours en rechercher la cause dans le sentiment de l'ennui, de l'orgueil et de l'égoïsme ; et surtout dans ces maximes toujours si adroites et si profondes du royalisme soupçonneux, qui sut diviser les citoyens pour profiter et se maintenir à l'aide de leurs divisions ?

XIII.

Départ de Saint-Quentin. — Canal souterrein. — Bourg du Câtelet. — Sources de l'Escaut. — Sites absolument nouveaux dans ces contrées du Nord.

Nous devions sortir de Saint-Quentin par la porte qui conduit à Cambray ; mais une voiture de rouliers extrêmement élevée et qui nous précédait, ayant rompu la chaîne du pont-levis, la porte se trouva totalement bouchée, et nous fûmes obligés de nous rendre sur la voie de Paris pour gagner, à travers les campagnes, la route très-éloignée de Cambray; ce qui fit jurer le postillon toute la journée.

Ce chemin du nord est beau et bien pavé. La campagne était nue, sans verdure, la nature toujours triste et endormie. Un monument aussi curieux qu'utile, et qu'on trouve à quelque distance de Saint-Quentin, est ce fameux canal souterrein qui joint la Somme à l'Escaut; il est taillé dans le roc ; mais ce canal est aujourd'hui négligé : il entre sans doute dans les plans du Gouvernement de le faire rendre à sa destination première, dans ces momens surtout où les annonces de la paix semblent devoir porter une partie de ses grandes vues sur la navigation intérieure.

Le Câtelet, où nous fîmes un repas nécessaire, dans une auberge digne de la haute réputation des *Venta* espagnoles, est un bourg extrêmement misérable. Il était célèbre autrefois et présentait quelques fortifications dont on aperçoit les ruines brûlées du côté de S^t^.-Quentin. Près de ce méchant bourg est la source de l'Escaut, rivière si célèbre dans la géographie des marchands d'Anvers, et si intéressante pour le cultivateur dont elle embellit et fertilise les campagnes, malgré ses débordemens.

Plus on marche vers le nord, plus le pays devient plat ; c'est un spectacle tout nouveau et qui n'offre plus rien à la distraction de l'œil.

Les montagnes fuient vers le midi, les rivières sont entièrement découvertes, les bois plus humbles s'alignent sur une surface lisse et monotone.

Nous suivions le chemin de Cambray à travers plusieurs villages de structure espagnole. Les monticules que nous laissions sur notre gauche ne semblaient être là que pour disposer le canal où l'Escaut rassemble ses eaux pour se présenter avec plus de prétention sous les murs de Cambray. En général tout ce pays est très-fertile, bien sain, et offre par intevalle des sites assez singuliers. Nous vîmes dans un champ plusieurs paysans occupés à répandre sur leurs terres des cendres froides ; les tourbes que l'on brûle en Flandre donnent une grande quantité de ces cendres qui servent à engraisser les terres.

Aux environs de Cambray il y avait autrefois beaucoup de vignes, mais on les a arrachées, parce que le vin en était d'une trop médiocre qualité.

Avant d'arriver à Cambray nous vîmes beaucoup de maisons de cultivateurs dont l'assemblage formait le faubourg du sud, qui avaient été brûlées et renversées par la soldatesque autrichienne lors de son irruption en France. Nous fûmes souvent témoins de ces forfaits, dans les lieux sans défense, c'est-à-dire, dans ceux même que leur faiblesse aurait dû préserver de la fureur inutile de la milice.

XIV.

Cambray. — Sa situation. — Son aspect intérieur. — Maison de ville et carillon. — Cathédrale. — Estaminet. — Nouveauté d'un repas. — Hydromel.

LA ville de Cambray se présente sur une éminence ; son aspect a quelque chose d'assez étranger : le goût espagnol uni au mode flamand régne ici dans la structure des bâtimens. Cambray s'étend beaucoup en longueur, et par le moyen de ses faubourgs, du côté de l'est : l'Escaut lave le pied de ses murailles ; cette rivière qui avait débordé s'étendait sur le revers de ses doubles rives en larges nappes d'eau. Les fortifications de cette ville, toutes en briques, sont belles, bien entretenues, d'une hauteur surprenante : depuis long-tems il ne se trouvait plus de garnison en cette ville. La citadelle de Cambray est très-forte ; elle est à un bout de la ville, dont elle est séparée par des fossés d'une profondeur étonnante ; elle domine l'Escaut. Les maisons en général sont bien bâties, d'un aspect agréable ; quelques grands édifices sont en pierres. Les rues sont bien pavées et d'une propreté singulière. La Place principale et la Maison commune offrent un coup d'œil superbe. Cette place est large et ornée de bâtimens uniformes qui s'élèvent à plusieurs étages. La maison de ville est le plus bel édifice de Cambray ; elle est parée d'élégantes colonnes d'ordre corinthien. Sur le comble de cette maison est établie une campanille ou carillon, près de laquelle sont deux noirs turcs, qui, armés d'un large marteau, frappent l'heure lorsque la campanille a exécuté son concert.

C'est à Cambray où l'on commence à distinguer les usages et les modes de Flandre, par les manières du peuple et le costume particulier des artisans.

La cathédrale de Cambray, qui rappelle le souvenir de l'un de ses plus vertueux archevêques, est aujourd'hui à moitié détruite ; elle était surmontée d'un obélisque en flèche à jour qui passait pour un chef-d'œuvre : cependant sa base était un peu lourde. Cette flèche se trouvait variée de 365 découpures en croix et en roses qui faisaient un charmant effet. Près de là est le palais épiscopal, bâtiment immense, d'une forme assez commune et d'un aspect fort sombre par la triste couleur des briques sans nombre qui sont entrées dans sa composition. une église de goût moderne qui se trouve dans ce voisinage, et dont le portail est d'autant plus beau qu'il est plus simple, a été convertie en bibliothèque publique.

Je n'ai pas vu un seul café dans cette ville, mais un grand nombre d'estaminets ; ces lieux de divertissement ne reçoivent guères les habitués que le soir : on s'y rend à l'heure accoutumée ; le passe-tems de ceux qui les fréquentent est de boire force bierre, de fumer et de jouer aux cartes. Quoique ces salles soient, pour ainsi dire, la seule retraite au plaisir et à la dissipation, cependant rien ne peut dérider le flegme flamand, et souvent l'on voit régner dans l'intérieur des estaminets le silence le plus absolu ; c'est ce qu'il est facile d'observer principalement dans l'intérieur de la Belgique. Dans la Flandre française, la gaieté moins contrainte convertit, aux jours de fêtes, tous ces estaminets en salles de danse.

Les maisons en général n'ont point ici de cheminées ; l'on n'y trouve que des poëles de fer où l'on brûle quantité de houille : l'odeur de ces poëles échauffés est désagréable, celle du charbon minéral l'est encore plus : elles nuisent toujours à l'étranger qui prétend braver, dès la première fois, l'inhabitude de ces usages.

L'auberge où je soupai m'offrit une pratique assez singulière ; on ouvrit le repas par la salade, c'est-à-dire par le plat qui devait naturellement le finir. On nous servit ensuite une douzaine de mets pièce à pièce : tout cela suivant la coutume. Je goûtai de l'hydromel, boisson composée de miel et d'eau fermentée ; cette liqueur sucrée était fade, trouble, d'une couleur peu prévenante ; il est vrai qu'elle n'avait aucune des qualités du bon hydromel, qui doit être d'une transparence admirable. Cette boisson est très-enivrante ; elle est particulière aux Russes et aux Polonais. Vers la fin de ce souper, nous eûmes un désagrément public de la part d'un jeune officier logé dans cette auberge, qui introduisit devant nous un de ses amis fort ivre, qu'il fit lever de son dortoir pour nous donner le spectacle indécent d'un orateur plein d'ivresse.

Il n'y a point de promenades à Cambray, ainsi que dans l'intérieur de la plupart des villes fortes ; elles ne consistent guères que dans l'Esplanade et dans le contour monotone des remparts.

X V.

Sortie de Cambray. — Douay. — Rivière de la Scarpe. — Canal de Douay. — Grand'-Place de cette ville. — Douay, chef-lieu du Département du Nord. — Jean de Boulogne. — Fort de la Scarpe.

A QUELQUES lieues de Cambray, que je quittai le lendemain de grand matin, la campagne, sur la route de Douay, avait éprouvé tous les ravages que le débordement des eaux et le grand froid de l'an 7e avaient causés. Les colsats sur tout, qui forment une des principales branches du revenu de ces contrées, étaient entièrement perdus.

L'on rencontre plusieurs belles Briqueries dans l'intervalle de Cambray à Douay.

Le chemin est beau, bien entretenu, et traverse des pays fertiles qui, dans la belle saison, doivent enchanter le voyageur qui les parcourt.

Douay est entouré de bonnes fortifications, ainsi que toutes les villes qui se trouvent sur cette ligne et qui formaient l'ancienne frontière de France. La Scarpe traverse la ville ; cette rivière est très-navigable, et j'y vis un grand nombre de gros bâtimens de forme hollandaise qui la descendaient à voiles tendues. Louis XIV opéra le canal de Douay, qui, en établissant la communication de la Scarpe et de la Deûle, a donné une activité plus grande au commerce particulier de Douay et de Lille, et à la correspondance plus générale entre l'intérieur des provinces Belgiques et celles de France. Une barque très-commode part tous les jours de Lille et de Douay, pour se rendre réciproquement dans l'une et l'autre ville.

La grand'-place de Douay est belle et assez vivante. Cette ville m'a paru plus française que Cambray ; le séjour continuel des troupes dans cette ville, qui est un grand dépôt militaire, a sans doute grandement contribué à y faire dominer, d'une manière plus décidée, les manières françaises. Cette place est bordée de cafés, d'auberges, etc. : c'est ici que toutes les voitures publiques s'arrêtent, se relayent, etc. ; de là ce mouvement continuel qui rend cette place plus allègre que tout le reste de la ville. La maison commune est attenante à ce lieu public : cet édifice est remarquable par sa construction antique et bizarre, par la grandeur de ses cours et de ses appartemens, par la singularité de son beffroi, ou campanille, ou carillon.

Le bâtiment où se tient l'administration

centrale du Département du Nord, dont Douay est le chef-lieu, est également vaste, mais il est d'une architecture plus moderne et d'un goût plus épuré.

Douay est également le siége des tribunaux civil et criminel du Département.

Cette ville était fameuse autrefois par le nombre de ses colléges, et surtout par son université tirée de celle de Louvain sous Philippe II. Les Anglais préféraient Douay à toute autre ville de France, pour l'éducation étrangère qu'ils voulaient donner à leurs enfans.

Parmi les hommes de mérite qui ont pris naissance à Douay, nous ne devons pas oublier Jean de Bologne, élève de Michel-Ange, qui a orné Florence d'un grand nombre d'excellentes sculptures, et qui coula le cheval de bronze de Henri IV, qui se voyait sur l'un des ponts de Paris.

A la porte de Douay qui regarde Lille, on rencontre une petite maison à droite, où je vis suspendus à la porte deux masques peinturés de rouge, dont les sales inscriptions apostrophaient d'une manière étrange les rois, etc. Le citoyen qui occupait cette échoppe paraissait un patriote très-ardent : il était chargé d'inspecter les passe-ports ; il nous rudoya lestement, car il nous prenait tous pour des conscrits échappés.

A la sortie de Douay l'on rencontre le fort de la Scarpe, qui protége cette ville du côté du Nord : il s'y trouvait alors un assez grand nombre de prisonniers anglais. Ce fort, quoiqu'assez petit, est d'un aspect agréable ; il est entiérement entouré des eaux de la Scarpe, et a été élevé d'après les plans de Vauban. Il est très-près de la grande route de Lille.

Entre Douay et Lille est le champ de Mons-en-Puelle, si célèbre par la grande victoire que Philippe-le-Bel remporta sur les Flamands.

X V I.

Dehors de Lille. — Ses fortifications. — Porte des Malades. — Belle rue du même nom. — Des Lillois.

J'ARRIVAI à Lille le 12 ventôse vers le soir, par la belle chaussée de Douay, et à travers un nombre considérable de moulins à colsat qui s'élevaient de tous côtés dans la vaste plaine où Lille est située.

Avant de parvenir dans les murs de cette ville, il faut franchir, sur des ponts factices, des fossés d'une extrême largeur. Ces fossés peuvent être remplis d'eau par le moyen des écluses qui retiennent la Deûle. L'on ne voit que murailles sur murailles fortifiées, et toutes d'une grande élévation : le passage qui s'ouvre entre tous ces gissemens militaires, se prête à divers circuits, ou se développe sur des lignes constamment obliques, ce qui exposerait l'ennemi qui s'engagerait dans ces défilés, à tous les feux croisés de la place.

Quand on a dépassé ces constructions diverses, l'on arrive sur un beau pont de pierre soutenu par douze arches, qui s'étend dans le vuide du fossé le plus large : ce pont est terminé par la porte colossale des Malades. Cette porte ornée de colonnes, de figures, et surmontée d'un grouppe placé à l'entour d'une Renommée, est peut-être l'une des plus magnifiques qui existent en France : sur ses doubles flancs partent d'immenses murailles de briques qui cernent toute la ville. Ces fortifications, dont la vue remplit d'étonnement, sont le témoignage le plus invincible de ce que peut la patience de l'homme, excitée par l'audace du génie et le soin de sa propre conservation.

La rue des Malades, qui se présente la première en venant de Douay, a pris ce nom de l'ancien hôpital Gantois situé dans son voisinage, et où l'on recueillit autrefois tous les malades de Lille dans un tems de peste : cette rue se développe sans contrainte ; elle est d'une longueur considérable, bien pavée, fort propre, et habitée principalement par la foule des marchands. Cette rue des Malades est ornée de belles maisons, presque toutes bâties sur le même plan, d'une architecture épaisse et surchargée de festons ; ces masses de sculpture de composition flamande, sont ici générales et presque partout les mêmes. Ce quartier de Lille a été bâti par les Espagnols.

Cette rue conduit directement sur la petite place, où est situé le nouveau théâtre de Lille : il peut être comparé, quant aux dimensions et au décor extérieur, à celui de la rue Favart à Paris. Les rues brillantes que nous suivîmes ne pouvaient que faire concevoir la plus haute idée du bonheur et de l'aisance de la ville. Un peuple nombreux circulait alors et sur cette place et dans les environs. A la vue de ces boutiques illuminées, aux éclats de rire qui s'en élevaient, au bruit de ces voitures qui se croisaient en tous sens, on aurait pu s'imaginer que le commerce de Lille était dans toute sa splendeur, et les Lillois les plus fortunés républicains de l'heureuse République ; mais il était facile de se désabuser promptement de ces prestiges de l'apparence.

La misère était à son comble, surtout dans les classes inférieures, et le commerce entièrement ruiné par suite des excès de nos conceptions révolutionnaires. La gaieté capricieuse de quelques individus, ne pouvait donc produire que le chant irréfléchi que l'homme oppose par intervalle à la tristesse et à l'ennui.

Descendu dans l'auberge, toutes les places étaient prises ; il fallut arpenter la section du voisinage pour découvrir quelque gîte où l'on pût passer cette première nuit. Ce ne fut que fort tard, et non sans fatigue, que je parvins à m'établir dans une espèce de taudis flamand, où je ne séjournai que le tems nécessaire.

XVII.

Grand'-Place de Lille. — Son étendue. — Maisons qui la décorent. — Caves converties en logemens.

LA grand'-place, près de laquelle je dressai mes premières tentes, fixa d'abord mon attention : c'est un quarré vaste, assez régulier dans son ensemble, et qui peut contenir près de dix à douze mille hommes rangés par bataillons. Dans les fêtes publiques, il est beau de considérer du haut de l'estrade disposée au milieu de cette place pour la réception des premières autorités, cet assemblage de troupes de toutes armes, et ce concours d'un peuple immense qui obstrue tous les passages.

Les maisons qui s'alignent sur les confins de ce lieu superbe, sont toutes à deux ou trois étages, chargées comme partout de pesantes guirlandes de pierre : au premier aspect, et en voyant l'extérieur des maisons construit en pierres de taille, l'on croirait que Lille est une ville solide qui repose majestueusement sur de fortes masses, tandis que la partie inférieure, c'est-à-dire, celle qui est la plus considérable et qui n'est pas aperçue, n'est réellement que de briques.

Sur le premier côté de cette place, se sont établis les beaux cafés de Lille, entr'autres celui de la Paix, où se rassemblait la jeunesse à tapage et à grandes prétentions ; celui de Capron, où se réunissaient les fins politiques de Lille, etc. Sur le même rang, l'hôtel où logea lord Malmesbury ; plus loin une maison de ventes, obstruée par les frippiers, et qui a succédé à l'hôtel Français, très-fréquenté autrefois par les voyageurs délicats ; près de là un Libraire très en vogue, et qui est le mieux assorti de tous les Libraires du Département du Nord, etc.

Toutes les maisons de cette place, ainsi que de la ville, ont des caves qui correspondent au dehors par des portes à forts battans et de larges degrés de pierres noires. Ces caves, où se trouvent des cheminées, ont été converties en logemens, et c'est là que se retire la classe pauvre, qui ne tire sa subsistance, en général, que du travail des dentelles. L'on peut soupçonner sans audace que ces catacombes sont aussi peuplées que la partie supérieure. Il faut que le climat de Lille soit d'une extrême pureté, pour que tant de malheureux enfoncés dans ces caveaux, ne souffrent pas des vapeurs déréglées d'une telle demeure ; il est vrai que les portes de ces caves sont constamment ouvertes, et que l'on voit tout ce qui s'y passe ; mais c'est une grande incommodité pour ceux qui les habitent dans les tems froids, parce qu'ils sont exposés sans réserve à l'air glacé qui les frappe ; c'en est une plus grande dans les tems pluvieux, parce que l'eau qui déborde en torrent le long des escaliers, les menace d'une submersion prochaine : dans l'un ou l'autre cas, si les prolétaires barricadent le caveau, alors ils s'empreignent de tous les miasmes qui s'élèvent de ces femmes mal tenues, de cette foule d'enfans qui les obsèdent, et de l'apprêt même de leur sale nourriture : cependant ce singulier refuge est général en Flandre et en Hollande. J'ai rencontré les premières caves à Cambray.

XVIII.

Bourse de Lille. — Sa description. — Théâtre. — Intérieur de la Salle. — Acteurs ou Comédiens.

VERS le point de perspective de cette grande place, s'élève un large bâtiment où l'on parvient à l'aide de deux escaliers circulaires ; ce bâtiment qui domine toute la place, est surmonté d'un cadran qui marque les heures décimales. L'on pense d'abord que ce monument, qui se montre avec tant d'apprêt, sert de résidence aux grandes autorités : point du tout, il ne contient qu'une garde civique de vingt hommes, qu'on relève tous les soirs. Les derrières de ce bâtiment paraissent avoir servi de magasins. Sous les escaliers circulaires percent des corridors assez étroits, où se tiennent les boucheries de la ville.

Sur le côté opposé à celui des cafés que j'ai décrits sous le titre précédent, vous trouvez la Bourse, masse assez exacte dans ses proportions, et gémissant sous le poids des ornemens de cette sculpture flamande qui semble s'être distinguée ici par une plus forte dose de grossièreté. Il faut remarquer que les Espagnols qui ont construit cet édifice, ont porté dans les provinces qui sont devenues Françaises l'architecture flamande, tandis que dans la Flandre ils y ont consacré l'architecture espagnole ; c'est ce qu'il sera facile d'observer lorsque nous serons à Gand, cette ville si chérie de Charles-Quint.

L'intérieur de cette Bourse de Lille plaît assez : à toute heure il s'y trouve beaucoup de monde. Là, est une cour découverte où se rassemblent, sur le midi, les négocians : cette cour est environnée quadrangulairement de portiques, sous lesquels des Libraires étalent leur rouleau, des Estampiers leur gravure, des Sucriers leurs bonbonnières ; c'est là où se retirent les négocians lorsque la pluie vient les troubler dans leurs discussions.

Voilà ce que cette grande place offre de plus remarquable : le théâtre en est très-proche ; la salle du Spectacle est grande, parfaitement ronde, a trois rangs de loges avec un paradis qui tourne à l'entour, et un parterre sans siége. La décoration de cette salle est assez insignifiante, et le dessin du rideau détestable : sur cette toile on lit ces mots : *Aux beaux Arts, Lille reconnaissante.*

Ce théâtre était fort peu suivi ; un tel rassemblement en effet ne convient, par habitude, qu'aux oisifs et aux étrangers ; mais dans une ville de commerce, les premiers y sont peu nombreux, et la guerre avait expulsé les seconds. La troupe des Comédiens de Lille, (et non la compagnie des Comédiens, comme le fait entendre Gil-Blas, qui soutient que l'on ne dit jamais une troupe de Comédiens, mais bien une troupe de marchands, une troupe de musiciens, une troupe d'auteurs;) ces Comédiens, dis-je, formaient entre eux un assemblage de talens fort bizarres. Les Comédiennes, ce qui est assez rare, m'ont paru être bien au-dessous du jeu même des hommes. Pendant tout le tems que j'ai été à Lille, je n'ai jamais vu un seul des acteurs de Paris du premier ordre y venir remplir quelque rôle, comme ils le pratiquent ailleurs : Ribié et Patrat, artistes du deuxième ou troisième rang, se sont présentés quelquefois sur les planches de Lille.

Les pièces lyriques étaient celles que l'on adoptait ici de préférence, à cause de la bonne composition de l'orchestre. L'on sait que les habitans du Nord cultivent la musique avec succès. En 1726 on avait établi à Lille une académie de musique.

Les chanteurs de Lille qui, certes, ne valaient pas leur orchestre, donnaient de grands opéra, comme Panurge, les Prétendus, la Caravane. Ces pièces n'ont de mérite qu'autant qu'elles sont accompagnées d'un spectacle convenable; d'après cette réflexion, les Comédiens-chanteurs se sont associés des Comédiens-danseurs qui couraient par troupe la province ; ils les ont fixés provisoirement à Lille ; et il y a trois mois, l'on y donnait la Caravane avec danses, ballets, décors, illuminations, et toute la pompe qui peut s'en suivre.

XIX.

Le Magasin général à Lille. — Le Lombard. — L'Hôpital général. — La Maison commune. — Ancien Palais des Comtes de Flandre. — Description de ce qui en reste encore.

PARMI les autres monumens de cette ville, l'on remarque le Lombard, dont la construction présente un genre d'ornement assez curieux ; ce bâtiment est beau, vaste, mais il n'est plus ouvert.

Le magasin général, placé à l'extrémité de la ville du côté des remparts, et par cela même assez mal situé, puisque son extrême élévation semble l'exposer aux bouches meurtrières des canons de l'ennemi : ce magasin peut contenir une quantité immense de farine, réservée pour les besoins d'une garnison souvent forte de dix à douze mille hommes. Le nombre des fenêtres de ce bâtiment est si prodigieux, que l'œil se tourmente en vain pour le calculer ; ces fenêtres sont doublement fermées de volets et d'un grillage de fer, pour éviter tout accident : ce magasin se voit dans le beau quartier qui fut bâti sous Louis XIV.

L'hôpital général est également du règne de ce prince. Placé sur les bords de la basse Deûle, cette situation aide à son agrément et à ses commodités. C'est encore un de ces bâtimens dont l'œil ne peut saisir ni les détails ni l'étendue. C'est une sorte de labyrinthe par la multitude de chambres, de corridors, de cours dont il est composé ; on l'admire à l'extérieur comme un palais, mais l'intérieur n'offre que le siège de la misère ; en effet, les ressources presqu'épuisées de la République ne permettaient pas alors, pour les soins de cet hospice, les dépenses même nécessaires.

L'arsenal, où il se trouvait principalement une assez grande quantité de boulets. Cet arsenal n'est point très-vaste, mais il a toujours suffi aux munitions de la ville ; d'ailleurs le parc de la province est à Douay, qui n'est éloignée de Lille que de sept lieues, et dont la communication est assurée et commode au moyen d'une bonne chaussée et d'un canal.

La Maison commune excite toute la curiosité d'un voyageur, par l'antiquité de sa structure et par les souvenirs qu'elle rappelle. C'était en partie le palais même des comtes de Flandre, et entre autres de ce Philippe-le-Bon si célèbre dans nos déplorables histoires, qui le fit bâtir en 1430.

Ce palais avait servi aux Souverains de Flandre jusqu'au tems où les Pays-Bas passèrent sous la maison d'Autriche, qui établit sa cour à Bruxelles.

On entre d'abord dans une vaste cour quarrée, flanquée de murailles épaisses, et entiérement de brique : dans les quatre angles s'élèvent quatre tourelles octogones qui dépassent de bien haut les murailles dont elles s'appuient. Deux de ces tourelles ont été détruites par un incendie en 1700, ainsi que cette fameuse salle où les Ducs tenaient leur cour plénière, et où Philippe-le-Bon célébra son festin du faisan. Ce corps-de-logis a été reconstruit avec plus de dignité par Louis XIV; c'est là que se tiennent les assemblées municipales, celles de quelques autorités judiciaires: l'on y trouve des salles spacieuses où se dispose fort à l'aise tout l'étalage d'une fête publique, avant de se développer à l'extérieur.

Sur l'un des côtés de cette même cour, s'ouvre un escalier qui conduit aux seuls restes des appartemens accessoires des anciens Ducs. Le plafond de cet escalier est sculpté en faisceaux arqués, et dans le vieux genre gothique. Là sont des chambres très-vastes et d'une grande hauteur, mais sans décoration : la chapelle des Ducs se trouvait de ce côté ; c'est où siége actuellement le tribunal correctionnel.

Ce palais, à le considérer en masse, paraît avoir servi de forteresse. Dans les combles, près la chapelle, l'on a découvert dernièrement certains cabinets disposés de manière à faire croire que c'étaient des prisons d'État, où l'on suppliciait les Flamands rébelles.

XX.

Hôpital-Comtesse. — Quartier Saint-Sauveur assiégé par les Autrichiens. — Saint-Maurice. — Sa décoration en verdure. — Saint-Étienne, ruiné. — Abbaye de Saint-Pierre. — Tableaux précieux.

L'Hôpital-Comtesse et l'Hôpital Saint-Sauveur sont d'une date plus ancienne que ce palais. L'humanité souffrante les dut aux soins généreux d'une Comtesse de Flandre, dans le XIIIe siècle. Le premier a une apparence assez triste qui atteste toute sa vétusté : les malades y furent toujours servis en vaisselle d'argent ; depuis la révolution ils ont échangé leur argenterie contre de l'étain.

L'hôpital Saint-Sauveur est placé du côté du fort de ce nom, et dans le quartier dit Saint-Sauveur ; c'est ce côté de Lille que les Autrichiens, sous Albert de Saxe, assiégèrent en 1792, lorsqu'à cette époque ils voulurent pénétrer en France. Tout ce quartier éprouva les terribles effets de leurs bombes. En 1798, an 7e, le faubourg s'en ressentait encore, et un grand nombre de maisons n'avaient pas été rétablies. L'on pouvait, de la plaine et hors des fossés, numérer les trous dont étaient percés les remparts, qui cependant ne cédèrent nulle part.

Les églises étaient presque toutes antiques à Lille ; elles devaient offrir dans chacune d'elles des objets curieux par les tems éloignés qui les avaient produits ; mais tout avait été détourné ou brisé par la fureur de la destruction ; et l'ignorance délirante s'était fort peu souciée de rassembler dans les Muséum des choses rares et précieuses, dont la conservation pouvait servir soit à récréer l'histoire, soit à alimenter la curiosité du voyageur.

Ces édifices ont tous été mutilés par le feu de l'ennemi ou détruits par le sentiment révolutionnaire : il en reste encore quelques-uns; mais l'intérieur en est si nu et si délâbré, qu'ils ressemblent plutôt à des magasins ou à des écuries qu'à des monumens d'un culte quelconque.

Quant au vaisseau encore sur pied de Saint-Maurice, il est remarquable par la hardiesse de ses voûtes et le jet de ses colonnes. C'est cette église qui eut l'honneur d'être choisie pour recevoir l'encens que les furieux de Lille adressaient à l'Être suprême, ou au Dieu de Robespierre. Ils en ont peint grossiérement l'intérieur en verdure ; les colonnes ont été façonnées en troncs d'arbres, dont le feuillage s'étend au loin sur la voûte ; ce qui représentait assez bien un temple de Druides dans ces bois sacrés où ils immolaient des victimes humaines.

L'église principale de Saint-Étienne, dont il ne reste plus que des fragmens de son portail colossal, a été ruinée par le canon autrichien.

Celle de Saint-Pierre, dont les pilastres étaient de la belle pierre de Tournay, est entièrement renversée ; je n'ai pu la reconnaître que par son emplacement et par les fractions de ses colonnes, que l'on réduisait en morceaux pour en pêtrir le mortier. Cependant les richesses de son orfêvrerie devaient être considérables, car dès son antique fondation les rois, les princes, les papes avaient honoré cette abbaye des présens les plus rares et les plus nombreux.

Parmi les tableaux qui décoraient la plupart des églises de Lille, et qui attiraient dans cette ville les amateurs de tous les pays, (tableaux dont j'ignore la destinée actuelle), je vais rapporter ici ce qu'il y avait de plus intéressant.

Église de Sainte-Catherine : un beau tableau de Rubens sur le maître-autel, qui représentait le martyre de la Sainte ; sur le devant l'on contemplait un grand-prêtre du plus grand caractère et savamment drapé : la Sainte était très-belle.

L'église des Capucins : trois tableaux de Rubens ; savoir : une Descente de Croix ; l'Adoration des Bergers ; Saint François recevant l'Enfant Jésus.

Cloître des Minimes : excellens vîtreaux.

Hôpital général : une Adoration des Mages ; de Van-Dyck.

Église des Récollets, trois tableaux de Van-Dyck : le Sauveur attaché sur la Croix ; Saint Antoine communiant un Vieillard ; la Vierge sur un croissant. Cette église tenait le premier rang, pour la clarté et la beauté, entre tous les édifices de Lille.

X X I.

Promenades de Lille. — La Citadelle. — Faubourg des environs. — Belle perspective du haut des remparts.

LES promenades intérieures de Lille consistent, comme dans toutes les villes de guerre, ainsi qu'on a déjà pu le dire, dans l'Esplanade et les Remparts. Cette Esplanade, qui est de la plus grande étendue, se développe entre la ville et la citadelle ; la Deûle la traverse dans toute sa longueur, et cette promenade qui devait être avant la révolution très-fréquentée, ne l'est plus depuis que l'on a abattu les quatre allées de grands arbres qui ajoutaient tant à son agrément.

L'esplanade ne sert, aujourd'hui, qu'aux évolutions militaires, à quelques fêtes publiques, à des courses d'amphithéâtre et aux exécutions de la Justice; la citadelle qui est sur cette esplanade est, comme l'on sait, la plus forte de l'Europe, après celle de Turin. Louis XIV donna au maréchal de Vauban, le gouvernement de cette citadelle, que cet ingénieur venait de construire; ce fut le premier gouvernement de cette nature en France.

En venant de la ville pour sortir des portes, vous traversez l'esplanade sur deux ponts-tournans, qu'on a jetés sur la Deûle ; l'on se rend par la porte de la Barre, où se fait la jonction du canal de Douay, dans un faubourg peu éloigné, varié d'un grand nombre de jardins, et où vous appellent tous les plaisirs bruyans. Mais les Lillois vont de préférence au faubourg Notre-Dame où les jardins, les auberges, les guinguettes sont encore plus multipliés : l'affluence du peuple y est considérable les jours de fête, car les individus qui habitent les villes de guerre, haïssent volontiers leurs murailles, et vont au loin divertir leur humeur.

La promenade des remparts est des plus agréables; néanmoins l'on n'y voit jamais personne : le coup-d'œil en est enchanteur dans les belles journées de la saison ; il est impossible de se former une idée de ce tableau, surtout à le considérer du côté du canal de Douay. Toutes ces eaux calmes qui remplissent les fossés, et qui font des ouvrages isolés, autant d'îles assises sur un lac ; ces belles prairies qui se développent jusqu'au terme de l'horizon ; ces charmans belvédères qui s'élèvent au loin du milieu de leurs vergers ; la multitude et la hauteur des peupliers ; cette culture brillante de tant de végétaux, portée au plus haut point de perfection ; tout ravit, tout remplit l'ame de plaisir et d'admiration. Ce n'était qu'avec bien de la peine que je pouvais m'arracher de ces remparts, qui m'offraient continuellement et des scènes et des idées toujours nouvelles ; mais ce qui ne cessait de m'étonner, c'est que je n'y voyais personne. Il est certain que dans les circonstances pénibles où l'on se trouvait alors, la nature ne charmait plus les sensations d'un peuple écrasé d'impôts et de soucis, et qui préférait d'aller noyer dans le vin le peu de sentimens qui lui restaient.

XXII.

Étendue de Lille.—Cette ville fondée dans le XIe siècle. —Rivière de la Deûle.—Ses inconvéniens.

Lille, qui peut avoir une demi-lieue de longueur et environ deux lieues de tour, y compris l'esplanade, fut fondée par Beaudoin IV, en 1030. Cette ville a pris son nom de l'ancienne cité, qui commença à se former dans une île entourée des eaux de la haute Deûle : cette rivière a sa source en Artois ; elle traverse Lille où elle fait un saut de 10 à 12 pieds, prend le nom de la basse Deûle, et va ensuite se jeter dans la Lys au-dessous du Quesnoy ; cette rivière n'est navigable que par le moyen des écluses.

Cette petite rivière semble se multiplier dans tous les quartiers de la ville, à proportion de sa nullité ; je l'appelle inutile, en ce que le bien instantané qu'elle peut procurer à des chapeliers et à des filtiers, dont les maisons en obstruent les bords, ne peut compenser le mal qui résulte des vapeurs fétides de ses eaux fangeuses. Autant la basse Deûle qui coule le long de l'esplanade, s'est épurée par la jonction des eaux vives de divers canaux, autant la haute Deûle, toujours stagnante, est d'un aspect répulsif : celle-ci ne traîne souvent qu'un filet d'eau sur un lit très-profond de fange et de boue ; il est difficile d'en suivre le cours, parce qu'elle n'a point de quai, et que son canal est formé du pied même des maisons très-anciennes qui la bordent. La santé des citoyens et la propreté de la ville, commandaient impérieusement que l'on pourvût au déblayement de ces canaux ; mais il eût fallu des sommes considérables, que la commune, en l'an 7, n'était pas en état d'avancer.

XXIII.

Territoire de Lille. — Ses productions. — Arbres. — Fleurs. — Culture des œillets. — Lys jaunes. — Fruits. — Poissons. — Bierre du pays. — Vin qu'on préfère à Lille. — Pain de méteil.

Le territoire de Lille est d'une fertilité inexprimable : la terre en est très-grasse, comme toutes celles de Flandre ; elle produit une grande quantité de blé, et quelquefois ce blé se trouve mêlé avec divers légumes, et surtout avec une espèce de grosses fèves qui sert à la nourriture des chevaux. Les terres y rapportent tous les ans : le travail des hommes et les engrais suppléent à l'année de repos qu'on réserve ailleurs aux terres.

Les agriculteurs donnent ici un soin particulier à la culture du colsat, espèce de chou, dont ils retirent, par le broiement de la meule, une grande quantité d'huile qui devient, pour tous les cantons du Nord, la source d'un commerce avantageux. Ils soumettent au même usage le pavot rouge, dont les fleurs se balancent avec splendeur en nappes d'argent dans les immenses carreaux qui divisent les campagnes ; ces pavots étaient en pleines fleurs au mois de thermidor. Ils cultivent beaucoup de lin, une assez forte partie de tabac ; des champs entiers de navets blancs, etc., etc. Les pâturages sont excellens, et l'on voit, à l'envi, des hordes de bestiaux s'ébattre au milieu de ces herbages, dans les beaux jours de l'année.

Rien de remarquable quant à son ornithologie : j'ai vu dans la campagne quelques oiseaux de proie, mais sans pouvoir en distinguer l'espèce ; dans les fossés de la ville, beaucoup de rousseroles, dont le cri est étourdissant ; un grand nombre de coucous, qui disparurent vers la fin de thermidor.

Le chêne, le charme, le hêtre, les trois sortes de peupliers, comme le blanc, le noir, et le peuplier-tremble, sont communs aux environs de Lille : le bois de chauffage y est assez cher, car il faut le faire venir de très-loin par le moyen des canaux, les Autrichiens ayant détruit presque tout ce qui se trouvait sur leur passage. L'on se sert principalement dans ce pays de charbon de terre, que l'on retire de Valenciennes, de houille qui vient d'Ypres et de Mons.

Sur le revers des remparts, ainsi que dans les champs, l'on trouve une immense quantité d'une plante amère, espèce d'absynthe, dont l'odeur détestable se communique à la volaille, aux pigeons, qui en pâturent, ce qui rend leur chair repoussante en certain tems.

Les amateurs de Lille donnent un soin étudié à la culture des fleurs ; l'on compte près de vingt-deux sortes d'œillets, dont ils ont su varier la parure ; les plus curieux sont :

Le *beau-cramoisi*, dont le blanc dont il est lavé le pourrait disputer au blanc de neige.

Le *beau-trésor*, d'un rouge brillant, qu'on nomme aussi *la belle Écossaise*.

L'*œillet-royal*, très-gros, d'un blanc très-fin et réguliérement tranché.

Les Lillois ont une rose d'un rouge extrêmement foncé, et leur lys jaune est de toute beauté : cette fleur croît naturellement sur les bords de la rivière de Lys. Quelques écrivains ont pensé que ce lys jaune devint l'emblême des armes de France, lorsque ses rois (les Philippes) poussèrent leurs conquêtes jusqu'à cette rivière de Flandre, depuis limite des deux Etats.

Le territoire de Lille produit des légumes, et surtout des asperges, d'une grosseur énorme.

A l'exception des pommes de Flandre et des calvi, les fruits ne viennent ici à maturité que difficilement. L'on voit chez les fruitières de Lille une cerise bleue, assez rare, venue de Flandre, et qui est d'un bon goût ; il en est d'une autre espèce qui est d'une couleur jonquille.

La vie est abondante à Lille, et ses marchés bien fournis. Dunkerque, Blakenberg lui envoient le poisson de mer, entre autres les soles, les raies, les plies, etc. Ostende et Calais les huîtres.

Le poisson de la Deûle est de très-mauvais goût ; cette rivière a des brochets, des tanches, des rouchaux, des perches et des anguilles. L'on voyait assez souvent dans les eaux de la citadelle, un brochet d'une grosseur démésurée, dont les pêcheurs n'avaient pu encore se rendre maîtres après plusieurs mois de fatigues et d'efforts.

Le poisson de la Lys est le plus renommé ; aussi les poissonniers de Lille savent-ils le faire distinguer par le prix souvent exorbitant dont ils l'assaisonnent. Dans les beaux jours du printems, les fils des négocians de Lille vont souvent, par partie de plaisir, à Warneton, à Armentières, etc. se régaler des poissons de la Lys, que l'on a pêchés sur les lieux mêmes.

L'on boit dans cette ville du vin par dissipation comme dans les pays de vignoble l'on boit de la bierre par délassement : cette dernière boisson est la seule généralement en usage. La bierre de Lille est d'un brun foncé, d'un goût vineux et ne mousse point ; on la sert sur toutes les tables dans des pots flamands ou des caraffes. Bruxelles fournit une bierre piquante qu'on nomme *farau*, et qui ne paraît pas délicieuse ; celle de Louvain, qu'il faut faire chauffer, est détestable ; mais la meilleure et la plus recherchée en été, surtout dans les départemens de la Lys et de l'Escaut, est la bierre blanche de Liers ou Cavesse, qui est d'un goût très-flatteur et fort rafraîchissante ; mais les nouveaux venus de l'intérieur préfèrent toujours la bierre mousseuse de Paris, qui se distribue en bouteilles.

Les vins que l'on consomme et que l'on sert particuliérement dans les cafés et les auberges, viennent en partie de la ci-devant Champagne ; on en tire une plus grande quantité du Mâconnais : les vins de Bordeaux et ceux de Grave, qui sont fort estimés à Lille, sont voiturés ici par la voie de la mer.

Le pain que les Lillois servent sur leur table, est un pain dit de méteil, composé de seigle et de froment, qui n'a pas une apparence fort prévenante, mais qui a un goût assez agréable ; il est d'ailleurs fort nourrissant. J'ai vu ce pain servi à Lille sur les tables les plus riches : le pain de France est plus blanc ; on l'apporte vers la fin du repas, et l'on en fait des tartines beurrées. Cet usage est presque universel.

XXIV.

Commerce de Lille. — Caractère des Lillois, au rapport de Tiroux. — Dérèglement actuel des mœurs. — A quoi il peut être attribué. — Filles publiques.

LILLE renferme une population de 60 à 80,000 ames, qu'employait le commerce immense que cette ville fesait autrefois avec la Belgique et la Hollande. Deux circonstances tendent actuellement à la dépeupler ou à nuire à sa prospérité ; c'est que toutes les administrations supérieures ont été transportées à Douay, et que les frontières de France se trouvant reculées par-delà les terres belgiques, les restes de son commerce seront anéantis par celui d'Anvers.

Le commerce de Lille consiste principalement en bons draps, en ratines, petits damas, camelots, etc., en très-belles dentelles, filets de lin, etc. Autrefois il s'y fabriquait plus de trois cents mille pièces de différentes étoffes par année. Les impôts, la cherté des vivres et les guerres ont diminué de beaucoup ces manufactures ; ceux qui les dirigeaient se sont retirés en grand nombre à Bruges et à Gand. Mais cette émigration de citoyens industrieux a été largement compensée par une foule de limonadiers, de traiteurs, de cabaretiers qui sont venus s'établir à leur place.

» Le caractère des habitans de Lille, dit » Tiroux, n'est pas vif. Leur humeur est » réservée ; ils ne s'appliquent pas aux scien- » ces, et encore moins aux belles-lettres ; leur » premier attachement est au commerce, à » quoi ils s'adonnent entièrement : ils agissent » fidellement dans les affaires ; le petit peuple » y est grossier ; les uns et les autres ne veu- » lent pas être traités durement ».

Voilà ce que disait Tiroux, à l'époque qu'il donnait quelques réflexions sur son pays ; mais à cette époque la révolution qui a renversé tous les caractères, n'était point arrivée ; l'apparence même du flegme qui existe encore dans la Belgique ne subsiste plus dans Lille. Depuis que cette cité et ses provinces sont tombées sous le pouvoir de la France, tout a pris le caractère général ; car le peuple n'a point de caractère particulier, il n'a que celui que lui impriment les lois, soit bonnes, soit mauvaises, auxquelles il obéit.

La jeunesse de cette ville m'a paru très-déréglée, et les mœurs publiques nulles. Les courtisannes fourmillent aujourd'hui à Lille ; la misère et la corruption semblent concourir à en accroître le nombre. Le plus grand malheur qui puisse arriver à une ville, est d'être une ville à garnison : ce malheur tourne en calamité si les États-majors sont oisifs et libertins; l'on ne peut plus calculer les désordres. Que l'homme sage s'éloigne de ces lieux ; qu'il ne soit pas le témoin des excès qu'il ne peut arrêter.

Assistez à Lille pendant l'hiver au spectacle d'un bal masqué ; a-t-il été permis aux usages de consacrer encore des scènes si dépravées ? l'effronterie a-t-elle besoin d'un masque pour paraître plus effrontée ? une famille honnête osera-t-elle aborder même le seuil d'un tel lieu ? Laissez à Paris ces passe-tems qui conviennent à l'oisiveté d'une populace immense. On prélude en hiver aux infamies de l'été qui jette au loin le masque. Que de maisons décentes se sont vu déshonorées à la suite d'un seul de ces plaisirs qu'elles n'ont cru que plaisans !

Il naissait à Lille quelquefois près de cent enfans par décade ; la majeure partie de ces individus étaient illégitimes. Consultez la feuille de Lille, et vous serez effrayé de cette population toujours croissante de la Vénus des garnisons. Que le soldat aille vivre dans les camps ; c'est là sa place ; qu'il n'entre plus dans les villes.

Les bonnes mœurs, fondement des Républiques, valent bien sans doute le faste de quelques victoires obtenues par l'effusion du sang humain. Ne célébrez pas les guerriers lorsqu'ils s'émancipent parmi vous ; admirez-les lorsqu'ils sont occupés aux frontières. Un bataillon qui séjourne une seule nuit dans la cité, laisse après lui une année de trouble et de honte.

Lorsque le Soleil a fait place aux premières ténèbres, toutes les filles publiques, qui redoutent sa lumière, inondent les quartiers de Lille. C'est la comédie amoureuse qui commence ; et cette comédie serait peut-être plus supportable que celle des histrions du théâtre, si l'on ne trouvait tout à coup auprès d'elle le germe d'une prompte maladie. Fuyez rapidement ; ne les fréquentez pas une seule fois ; elles ont reçu le mal que le soldat distribue de ville en ville.

XXV.

Des Sciences et de la Littérature à Lille. — Indifférence à ce sujet. — École centrale.

L'ÉTAT des sciences et des lettres n'est point florissant à Lille, malgré une population considérable. Sans le zèle de quelques hommes de cabinet, il serait absolument nul. Les villes de commerce ne sont guères les protectrices des Muses ; et le gingembre et la canelle y seront toujours préférés à des tablettes savantes qui ne donnent aucun profit à l'épicier. L'on s'adonne volontiers ici aux arts d'agrément ; mais les objets de raisonnement et de méditation y roulent dans un mépris suprême.

Citer un seul littérateur parmi ceux de Lille, c'est prouver combien les rangs sont clairs ; encore le citoyen Lestiboudois, le plus renommé d'entre eux, n'est-il qu'un naturaliste qui s'est fait une certaine réputation par ses travaux en botanique.

Chez un peuple de marchands il faut qu'un seul homme ait de l'esprit pour tous, afin de donner quelque renommée à sa cité. Alain de Lille, surnommé le docteur universel, suffisait en effet à tout par son titre même.

Lille qui, par sa population trois fois supérieure à celle de Douay, avait quelque droit pour être le chef-lieu du Département du Nord, n'est aujourd'hui que le siége de quelques autorités secondaires.

L'École centrale du Département qui y est établie, occupe un bel édifice, dont la façade moderne a été traitée à grand style : ce bâtiment se présente avec dignité.

Lille est la résidence du général commandant la première des vingt-cinq divisions militaires de la République : cette ville est également le siége d'un hôtel des monnaies.

XXVI.

Climat irrégulier du Nord. — Culture. — Mauvaise route. Situation de Menin. — Entrée des Français dans cette ville. — Nouveaux usages.

Je partis de Lille le 20 thermidor, an 7, pour aller à Gand, chef-lieu du Département de l'Escaut.

La pluie qui avait tombé sans interruption pendant près de quinze jours, semblait redoubler ce jour-là. Le climat de cette contrée par les approches de la mer et des terrcins marécageux de la Belgique, est constamment déréglé. Au plein cœur de l'été, les matinées et les soirées étaient encore très-froides ; au mois d'Août même plus d'une maison ne pouvait se passer de feu ; cependant la fertilité des campagnes était toujours admirable.

A la sortie de Lille jusqu'à Menin, l'on trouvait principalement des champs très-considérables de tabac, entremêlés de vastes plantations de patates, dont il se fait une consommation immense dans toutes les villes de Flandre. Les orges et les blés étaient entiérement renversés par les pluies, et l'on s'apprêtait à les moissonner. Toute cette route est plantée de saules, cet arbre qui se plaît tant dans les terreins humides. Une allée de ces arbres nous conduisit, l'espace de quatre lieues, jusqu'aux portes de Menin.

Les chemins, abymés par les pluies, étaient affreux. Nous vîmes plusieurs rouliers dont les voitures enfoncées dans de profondes ornières, et ensevelies sous la vase, pestaient de la manière la plus étrange contre l'impôt de l'entretien des routes. Les uns dételaient leurs chevaux pour aider les chevaux de leurs compagnons ; d'autres déchargeaient leurs voitures pour les dégager plus facilement du mortier. L'on doit se représenter l'état de peine et d'embarras de ces charretiers au milieu d'une grande pluie, et sur des pavés que le terrein mouvant et la trop forte charge de ces voitures déplaçaient et repoussaient sans cesse.

Menin est située dans une plaine très-romantique, qu'arrosent les belles eaux de la Lys, qui séparait autrefois de ce côté les terres Belgiques du territoire Français.

L'on voit ici de toutes parts les effets de la fureur de la guerre, lorsque les coalisés vinrent au commencement de la révolution porter leurs armes dans nos départemens du Nord. L'emplacement d'un assez grand nombre de maisons brûlées a été converti en petits champs de tabac qui ne peut prospérer sur la terre aride qui couvre des fondemens de pierres et de briques (6).

Les fortications de Menin ont été démolies après que les Français l'eurent prise en 1744; mais les élévations de terre et de gazon qui subsistent encore, conservent leur ancienne forme, et il est facile d'en saisir tous les plans.

---

(6) Le 10 floréal, an 1er, les Français entrèrent dans Menin, après une affaire où il y eut 1500 ennemis tués. Cette journée eut lieu le jour même où les Français remportaient plus loin la célèbre victoire du Mont-Cassel, sur 20,000 Autrichiens, dont 4,000 furent tués.

Menin est le centre de correspondance pour le service des voitures publiques qui vont à Lille, Gand, Ypres, Bruges, Courtrai. Ces messageries étaient presque toujours vides.

Dans cette ville l'on commence à ne plus parler, ou plutôt l'on affecte de ne plus parler français ; le flamand est le langage du peuple, et c'est en flamand que toutes les enseignes des boutiques sont annoncées. C'est ici que la monnaie d'Empire prend un cours décidé, et que l'on retrouve tous les usages des Welches, soit dans leur nourriture, soit dans leur costume, soit dans leurs ameublemens.

XXVII.

Menin. — Routes de Flandre. — Blé-sarrasin. — Rivière de la Lys. — Entrée des Français dans Courtrai.

MENIN, ville petite et solitaire, est le siége d'une administration communale ressortant du département de la Lys. La maison de ville située sur la place, est le seul bâtiment qui, en dehors, ait quelque apparence. Une haute tour antique, qui servait sans doute de beffroi, élève sa tête mutilée derrière cet édifice. J'ai vu s'abattre sur cette tour plusieurs faucons qui y avaient placé leur aire.

En sortant de Menin l'on suit la belle route de Courtrai, en côtoyant les bords charmans de la Lys, qui coule à plein canal sur la droite.

Les routes de la Flandre sont superbes ; elles ont toujours fait l'admiration des étrangers, et elles sont encore bien conservées.

La campagne présente ici la même fertilité qu'aux environs de Lille ; mais les champs de tabac y sont moins multipliés. L'on commence à rencontrer les premières plantations de blé-sarrazin, ou bouquettes, dont les cultures deviennent de plus en plus considérables en se portant vers le nord de la Flandre. Le blé-sarrazin, ainsi nommé parce qu'il a été apporté d'Afrique, supplée à la mauvaise récolte du seigle et du froment. Dans la Flandre on en fait des tourteaux pour engraisser la volaille, etc. ; mais dans la ci-devant Bretagne, les paysans ne mangent pas d'autre pain pendant une grande partie de l'année. Ce pain de sarrazin nourrit peu, mais il n'est pas si lourd que celui de seigle.

La Lys, qui donne son nom à ce Département, contribue d'une manière admirable, par ses nombreux détours, à la grande fécondité des terres qu'elle se plaît à arroser. Le poisson qu'elle produit est fort estimé, et il est peu de villes sur ses bords qui n'en soient abondamment fournies pour satisfaire aux demandes des passagers.

A l'entrée de Courtrai l'on trouve des tourbières, dont les veines profondes s'étendent sur un assez grand espace.

Les Français, après un combat de sept heures, et une déroute complette de la part des ennemis, entrèrent dans Courtrai le 23 floréal, an 1er.

XXVIII.

Courtrai, ancienne ville forte.—Blanchisseries.—Grand'-Place. — Saint-Martin. — Carillon. — Notre-Dame.

COURTRAI est située sur un terrein bas; l'aspect de cette ville est agréable : la Lys et plusieurs de ses branches la traversent; ses fortifications ont été démolies par Louis XIV, en 1683. L'on trouve à l'entrée et à la sortie de cette ville un grand nombre de blanchisseries, qui jouissent abondamment des eaux, qu'on a su ménager pour le besoin de ces établissemens, et où l'on travaille à la préparation des fameuses toiles dites de Courtrai.

J'entrai dans cette ville par un froid assez piquant, quoique la pluie du matin eût été très-chaude. Le froid dans la saison qui ne lui convient pas, paraît aussi importun et contraire à la méditation, que les vents chauds de l'Est, le sont à ceux qui voyagent en Italie. La tête varie comme la température, et elle devient souvent si pesante et si embarrassée, qu'il ne lui est plus permis de réfléchir.

C'est sur la grand'-Place de Courtrai que s'arrêtent presque toutes les voitures publiques; les chevaux s'y rafraîchissent et les voyageurs y dînent. On y trouve plusieurs traiteurs toujours bien fournis : les tables d'hôte étaient fort nombreuses, par l'affluence de monde qu'attirait alors la foire de Courtrai, qui se tenait à cette époque; la plus grande partie de ces convives n'était que des marchands qui ne parlaient que des effets qu'ils prétendaient vendre; les salles et les appartemens de ces hôtels sont propres et bien distribués; la place sur laquelle ils se trouvent est vaste, quoique fort irrégulière. La maison de ville, dont l'architecture est d'un gothique simple, y est mal située; les rues des environs sont belles et larges.

L'église Saint-Martin mérite d'être vue :

l'intérieur est orné de marbres blanc et noir, de tableaux et de dorures; ses décorations sont pompeuses, mais elles sont lourdes, suivant les manières du pays. C'est le premier édifice de ce genre, depuis ma sortie de l'ancienne France, qui se soit présenté bien conservé, et épargné par la faulx révolutionnaire.

Cette église est surmontée d'un carillon fort estimé dans Courtrai. Il n'est point de monument religieux qui n'ait son carillon ; les villages même en sont pourvus. J'avouerai que lorsque le carillon est très-élevé, et que l'air peut émousser la rudesse et le ton piquant de ses cloches, les oreilles françaises peuvent quelquefois se complaire dans l'harmonie factice de ces chants métalliques.

Schippon, carillonneur à Louvain, a gagné un pari considérable en exécutant parfaitement sur ces cloches, un *solo* très-difficile, qui avait été composé pour le violon.

L'église de Notre-Dame de Courtrai est renommée pour la richesse et la beauté de ses ornemens. On y admire un superbe tableau de Van-Dyck, représentant l'Élévation de la Croix. Les dehors de cet édifice sont extrêmement gothiques; c'est un vaste bâtiment qui s'est formé de l'aggrégation de diverses parties,

Vers le XIIe siècle Courtrai possédait l'une des premières horloges qui parurent en Europe; elle passait pour une merveille. Philippe-le-Hardi la fit transporter dans sa ville de Dijon.

XXIX.

Foire de Courtrai. — Inconvéniens des voyages en Belgique à cette époque. — Scène qui eut lieu dans une auberge.

La foire de Courtrai qui se tenait en ce moment, avait pour local un bâtiment spacieux, où l'on montait par un escalier obscur, dont les degrés étaient fort rudes et très-glissans; j'ai vu plus d'une personne rouler le long de cet escalier. Les boutiques étaient disposées le long des murs, et formaient de chaque côté deux espèces de rues qui se communiquaient par les points opposés. L'on trouvait dans cette foire force marchands de draps, de toiles, de mercerie; mais les vendeurs de pain d'épice de Mons excédaient toute proportion.

Les hommes venus de France inquiétaient étrangement les autorités publiques et les particuliers; ils étaient assez mal vus partout; l'éloignement qu'on avait alors pour la République, la conduite violente de ses anciens agens, les conseils et l'autorité des prêtres, l'influence toujours active des émissaires de la maison d'Autriche ; toutes ces raisons contribuaient à faire suspecter la présence des Français qu'on regardait toujours comme étrangers, et qui souvent méritaient ce titre par l'indiscrétion et l'étourderie naturelle à leur nation.

Nous sortions de la table d'hôte à la maison du Damier, lorsque la salle de l'auberge fut investie par un commissaire de police et plusieurs officiers de la place : ils s'adressèrent à un jeune homme du rang des convives, qui s'était fait remarquer, et dont les discours avaient sans doute déplu ; on lui demanda son passe-port qu'il exhiba de suite. Ce passe-port fut examiné avec le plus grand soin ; on exigea d'autres papiers, qui furent considérés tour à tour avec le même scrupule. Cette visite terminée à l'égard de ce jeune homme qui était un fonctionnaire en mission, les justiciers se trouvèrent très-tranquilles ; ils se conduisirent avec honnêteté, et se retirèrent après l'inspection de tous les assistans.

L'individu, objet de cet interrogat, ne savait à quoi attribuer cette démarche, née de tant de soupçons; ce n'était sans doute pas pour avoir parcouru les églises de Courtrai, puisque par là il semblait remplir un devoir agréable au peuple très-dévot de cette ville ; ce n'était pas pour avoir été se promener dans la foire de Courtrai, puisque rien ne plaît davantage à un marchand que la vue d'un étranger ; ce n'était point pour avoir examiné les fortifications de cette ville, puisqu'elles sont entièrement démantelées : mais il apprit enfin que cette visite n'avait eu lieu que parce qu'il avait indiqué sur le registre du traiteur son domicile comme présumé à Paris, tandis qu'il séjournait d'habitude à Douay. Tels étaient souvent les hauts raisonnemens qui déterminaient la conduite des hommes publics de ce pays, qui, par l'aigreur d'un souvenir particulier, se plaisaient quelquefois à contrarier la marche du voyageur isolé, soit en l'effarouchant par de vagues soupçons, soit en rendant de plus en plus ridicules les institutions recommandées par la sûreté publique.

X X X.

La Flandre, pays de nouvelle formation. — Haerlebeke. — Genièvre. — Ancienne division géographique de la Flandre proprement dite.

A LA sortie de Courtrai le terroir commence à devenir sablonneux. L'industrie des habitans se manifeste ici avec le plus grand éclat sur un terrein qui paraît aride au premier coup-d'œil. La culture était aussi triomphante aux environs de Courtrai que dans tous les lieux qu'on pouvait avoir traversés jusqu'alors.

Toute la Flandre peut être regardée comme un pays de nouvelle formation, et créé par les dépôts des rivières qui l'arrosent, et qui sont retenus par les eaux de la mer. Tout le terrein y est bas, gras, et de couleur brune ; on le voit presque partout composé de débris de végétaux entremêlés de coquillages maritimes. Un sol aussi excellent donne les plus brillantes récoltes, soit en grains, soit en tabac, soit en lin. On est étonné de la quantité d'huile que l'on y retire des graines du colsat; et du produit du houblon pour ce pays. L'on doit dire, à la louange des Flamands, que leur industrie et leur application pour la culture des terres, surpasse encore leur excellence et leur fertilité.

Cependant l'on s'aperçoit du changement de terroir sur la route de Gand, et l'aridité du sol devient telle du côté d'Anvers, que la végétation finit par disparaître entièrement. C'est sur ce terrein de sable, qui semble être en partie le fondement de la Flandre dite flamingante, que l'on a construit ces belles routes qui n'ont pour égales, en Europe, que ces chemins superbes que le gouvernement Espagnol fit ouvrir dans ses provinces des Pyrénées, et qui seuls peuvent être comparés à la splendeur des chaussées de l'ancienne Flandre.

En sortant de Courtrai, on laisse sur la gauche la Lys qui s'ébat en mille sinuosités; ses doubles rives sont toujours charmées des mêmes productions. Les champs de blé, d'orge, de sarrazin, de chanvre; les plantations de pommes de terre, de tabac s'étendaient partout à perte de vue; partout le lin avait été rassemblé en gerbes; mais les légumes, entre autres les fêves, les haricots, les pois, étaient fort peu avancés, quoiqu'aux environs de Lille ils fussent parvenus depuis long-tems à leur extrême maturité. Les plants de fèves s'élèvent ici à la hauteur d'un homme, et les fêves qu'on en retire servent à la nourriture des chevaux.

Heulebeke est un bourg charmant que l'on

rencontre à peu de distance de Courtrai. C'était l'une des plus anciennes villes de Flandre, ainsi que Deinze et Peteghem que l'on trouve sur la même route.

C'est à Haerlebeke que commence un nouveau genre d'architecture, qui se déploie dans tout son éclat à Gand. J'en parlerai plus au long à l'article de cette seconde ville.

L'approche de Deinze, où se trouve une manufacture de genièvre, fait qu'on boit une quantité inexprimable de cette liqueur dans tous les bourgs et villages qui peuplent cette route : les femmes sont passionnées pour cette boisson perfide, et la médiocrité de son prix fait que les gens les plus pauvres s'endorment aisément sur leurs maux, par la facilité d'une ivresse qu'ils rendent presque continuelle.

Gand, dont l'on n'est éloigné que de trois lieues de Brabant lorsqu'on se trouve à Peteghem, était ci-devant la ville capitale d'une des trois Flandres. A cette époque la Flandre proprement dite se divisait, 1°. en Flandre flamingante, où l'on parle la langue du pays, et s'étendait depuis la mer jusqu'à la Lys. Ses villes principales étaient Gand, capitale; Bruges, Ypres, l'Écluse, Ostende, Nieuport, Dunkerque, Bergues, Gravelines, Courtrai.

2°. En Flandre Gallicane, où l'on se sert de la langue française. Ses principales villes étaient Lille, Cambray, Douay, Tournai. 3°. La Flandre impériale, entre l'Escaut et le Dender, dont la capitale était Alost.

XXXI.

Approches de Gand. — Beauté de ses productions végétales. — Tilleul. — Orme. — Houblon. — Pavot. — Safran, etc.

Aux approches de Gand, le chemin marche sur un plan extrêmement égal, solide, magnifique, accompagné de deux rangs d'arbres, surtout de tilleuls, qui lui donnent l'aspect d'un jardin élégant. Cette route est admirable dans toutes les saisons. Le pays paraît très-fourré et couvert de toutes parts de beaucoup de bois de chêne, etc.; ces feuillages multipliés empêchent qu'on aperçoive Gand lors même qu'on en est très-près, parce que cette ville, d'ailleurs, est dans une espèce de vallon, et sur le revers d'une légère colline.

L'on ne peut s'empêcher d'admirer la beauté, la force, la fécondité des plantes, des légumes et des arbres qui croissent aux environs de Gand; cette fertilité se fait d'autant plus remarquer, que la terre semble par fois se refuser aux travaux de l'agricole, et qu'il est obligé d'avoir recours, pour l'amendement de ses campagnes, aux matières stercorales. Parmi ces belles productions de la nature, nous observerons, avant de nous enfoncer dans les rues de Gand,

Le Tilleul, arbre excellent pour avenue, et dont les branches souples se prêtent à toutes les formes. Les sculpteurs recherchent son bois doux, liant et léger; et l'écorce de ses jeunes branches sert à faire des cordes même assez fortes. Parmi le grand nombre de variétés de cet arbre, la plus remarquable est celle à très-larges feuilles, qu'on nomme de Flandre ou de Hollande. Les Anglais préfèrent cette espèce à toute autre.

L'Orme, qu'on nomme d'Ypres, est une espèce qui a la feuille fort large, verte et belle. Il est très-recherché pour faire des allées et de beaux couverts, comme on le voit dans les beaux portiques de verdure de Marly.

Aux environs de Gand on commence à voir quelques Pins du Nord, qui se retrouvent en plus grande quantité du côté de Bruges : on emploie ici les pommes de pin pour le mal de scorbut.

Le Houblon se cultive avec soin en Allemagne et en Angleterre ; en Flandre plus particuliérement du côté de Poperinghe, département de la Lys. Le houblon était inconnu aux anciens ; il est d'un fort revenu dans les endroits où l'on boit de la bierre ; il ne demande pas de grands soins, et vient naturellement le long des ruisseaux et autour des buissons. Ses pommes sont ses épis ; on les sèche au four, et on les emploie à la composition de la bierre, à laquelle elles donnent une amertume très-agréable et une qualité qui la conserve.

Le Pavot, qu'on cultive dans la ci-devant Flandre, est le pavot blanc, à semences blanches, à quatre feuilles disposées en rose, d'un blanc tirant sur le purpurin ; on en extrait de l'huile. Le pavot dont on obtient l'opium est le pavot rouge, à semences noires ; celui-ci vient principalement à Aboutige, près de l'ancienne Thèbes d'Égypte : l'opium d'Aboutige est le plus estimé.

Le Safran est cultivé en grand dans les Pays-Bas, et l'on emploie à sa culture des champs entiers.

Le Tabac originaire d'Amérique : les botanistes comptent neuf à dix espèces de tabac, dont deux seules sont utiles au commerce.

La culture de cette plante est prodigieuse dans le Nord, mais sa qualité tient au climat, et plus cette plante s'éloigne de la chaleur forte et soutenue de son pays natal, et plus elle perd de sa qualité. On aura beau multiplier les soins, le tabac de France ne sera jamais aussi bon que celui d'Amérique.

Le grand trèfle de Flandre est l'une des plantes les plus précieuses, et qui donnent la meilleure prairie artificielle : c'est la plante par excellence pour alterner les récoltes; elle porte avec elle son engrais, et les blés qu'on sème après leur coupe sont toujours superbes. Le gros haricot de Flandre est une espèce extraordinaire; sa gousse porte de sept à huit pouces de longueur sur un de largeur ; on le confit pour l'hiver. Cet haricot n'est pas connu en France.

Parmi les fleurs, je ne citerai ici que la tulipe, cultivée avec un soin si particulier par les fleuristes hollandais et flamands. La tulipe fut apportée de Cappadoce en Europe, par Gesner, en 1559 : c'est cette espèce primordiale qui a fourni les belles variétés de cette fleur, qui, à Harlem, Amsterdam, etc., étaient souvent payées au poids de l'or. Les curieux portaient alors la manie jusqu'à donner cent ducats pour un seul oignon de tulipe, etc.

XXXII.

Entrée de Gand. — Place du Kauter. — Mauvais emplacement du théâtre. — Salle de Spectacle. — Bierre de Lier.

L'ENTRÉE de Gand, par la porte de Courtrai (Cortrykscle poorte), n'est point belle; elle est d'un vilain aspect par la présence de deux tours noires, massives et fort antiques, qui gênent ce passage, et que, sans doute, on ne tardera pas à faire disparaître, pour la commodité et l'embellissement de cette principale entrée. Quand on a dépassé le pont où se fait la jonction de la Lys et de l'Escaut, alors, Gand se présente avec la plus grande magnificence.

J'arrivai le 20 thermidor dans cette ville, vers le soir, et à l'heure du spectacle; on loge ordinairement ici sur la place d'Armes, ou le Kauter, qui forme une assez belle promenade où sont les plus beaux hôtels, les cafés, le théâtre principal, etc.

La salle de spectacle n'a aucune apparence au dehors, elle est située dans un coin obscur de cette place du Kauter, et son entrée ressemble assez à celle d'une écurie. Les billets se payent en monnaie d'Empire : cette salle est petite, les loges étroites, la décoration générale est très-simple, mais agréable ; la couleur qui y domine est celle d'un jaune de lumière, sur laquelle sont tracées des guirlandes de fleurs, etc. La musique était très-bonne, et les acteurs supérieurs à ceux de Lille ; ils venaient de Bruxelles, où cette troupe a toujours été bien choisie. On donna ce soir là l'opéra des Prétendus : cet opéra a fait merveilleusement fortune dans les provinces, soit parce que c'est la seule pièce avec laquelle on puisse rivaliser avec le grand spectacle de Paris, soit parce que la simplicité de l'intrigue la met plus à la portée d'être entendue des spectateurs, soit parce que cette pièce n'offre que peu ou point de difficulté du côté de la pompe du décor, ou de la musique. Au sortir du spectacle, la belle place du Kauter présente un lieu très-commode pour la promenade ; l'on n'y voyait, à cette époque, que des militaires.

Sur les côtés de cette place sont de très-beaux cafés où l'on peut lire les journaux français et les papiers flamands qui sont ici en plus grand nombre. Les cafés de Gand ne sont guères fréquentés que par les étrangers : la foule obsède les estaminets où se trouvent toujours les mêmes sociétés ; l'on boit dans tous ces lieux, et surtout vers les après-dînées d'été, une immense quantité de bierre de Lier, fameuse dans ce pays, sous le nom de *Cavesse*. Cette bierre est très-blanche, d'un goût piquant, agréable et porte aisément à la tête ; on la sert dans des verres d'une très-forte capacité, et qui vident en deux seuls coups, une bouteille entière.

XXXIII.

Antiquité de Gand. — Concours des rivières, pour rendre cette ville très-commerçante. — Quais. — Heureuse situation de Gand.

GAND, du tems de Jules-César, était la capitale des Gonduni : les Romains y mirent une garnison, après avoir dompté les nations Belgiques ; elle passa, par la suite, sous la domination des Germains, dont la plus grande partie était de ces Saxons que Charlemagne déporta dans le pays. Après des révolutions successives, les Gantois, dont le commerce et les richesses avaient grandement enflé l'orgueil, se gouvernèrent en république, n'obéissant qu'avec la plus grande peine, à des comtes auxquels ils faisaient très-souvent la guerre. Ils se révoltèrent en dernier lieu contre Charles-Quint, qui, partant d'Espagne, où il était alors, passa à travers la France, avec la permission de François Ier, vint châtier les Gantois, en 1540, et les brida par une forte citadelle, qui subsiste encore aujourd'hui.

Gand, capitale du ci-devant comté de la Flandre autrichienne, est une ville d'une étendue considérable. Dans les tems que les villes de France n'étaient qu'un amas de boue et de terre, Gand était déjà, en 1007, assez vaste, fort et bien bâti ; et sa population, dès-lors si respectable, que, sous le comte Louis de Mâle, en 1380, l'on trouva à enrôler dans l'intérieur seul de ses murailles, quatre-vingt mille combattans.

La Lys et l'Escaut y forment leur jonction, et les différentes branches de ces rivières, comme de plusieurs autres, la Liève et la Moëre, partagent cette cité en une infinité d'îles : les quais y sont commodes, nombreux, et réunis sur les rivières qui les séparent par une multitude de ponts-tournans, qui se trouvent toujours en action pour laisser passer cette foule de vaisseaux qui entretiennent le commerce le plus actif entre les ports de la Hollande et l'intérieur de la Flandre ;

le coup-d'œil de cette activité est admirable, et c'est le long de ces superbes quais qu'il faut, surtout, la considérer.

Gand, par son heureuse situation, le disputera un jour à toute la prospérité commerciale que se promet Anvers : ces deux villes communiquent entre elles par l'Escaut ; Gand correspond avec les côtes de la Zélande, par le canal de Sas ; avec Bruges et Ostende, par les canaux de ces deux villes ; avec Lille, par la Lys et la Deûle ; avec Douay, par la Scarpe ; etc. Que de sujets d'orgueil et de splendeur ; que de moyens de grandeur et de prospérité !

XXXIV.

Vue intérieure de Gand. — Beauté de ses maisons. — Goût et construction espagnole. — Digression à ce sujet.

GAND est supérieurement bâti : toutes les rues y sont propres, larges, bien pavées ; l'aspect des maisons y est magnifique ; rien de plus charmant, de plus enchanteur que la décoration extérieure des édifices de cette ville ; c'est ici où se déploie principalement un nouveau genre d'architecture, que je n'ai trouvé, jusqu'à ce moment, bien développée, que dans cette ville de Flandre, mais que j'ai reconnu être le même que celui de Burgos, de Valladolid, de Madrid et de toutes les villes de la Biscaye, et des deux Castilles, que j'ai été à même de parcourir précédemment.

En se promenant dans les rues gracieuses de Gand, il n'est point d'Espagnol qui, au premier aspect, ne s'imagine être dans la capitale des Espagnes ; il n'est point de voyageur ou d'observateur exercé, qui ne se croye transporté au-delà des Pyrénées ; et certes, ce n'est point ici une illusion : même forme, même extérieur, même distribution.

Charles-Quint qui naquit à Gand alors la ville de ses domaines qu'il chérissait le plus dans les Pays-Bas, a-t-il transporté le genre flamand en Espagne, ou la mode espagnole dans ses possessions du Nord ? La seule différence qui existe dans les bâtimens de ces deux pays, est la forme des toîts de Flandre, qui sont en pente très-rapide ; cette construction a été commandée par les localités et le climat même, et pour faciliter l'écoulement des eaux de neige, dans un pays toujours nébuleux.

Ce qui ferait présumer que ce genre d'architecture vient d'Espagne, c'est la grande quantité d'ouvertures découpées ou de petites fenêtres, qui se voient sur toute la façade d'une maison : ici tout est fenêtre, et il y a peu de plein mur ; certes, cette disposition convient plus à l'aisance et à la fraîcheur d'un pays chaud, qu'aux incommodités d'un climat froid où l'on cherche, de préférence, à repousser toutes les ouvertures inutiles. Il paraît donc que l'inclémence du Nord, a dû céder à la mode d'un peuple méridional, et de plus, vainqueur superbe.

En second lieu, toutes les maisons sont peintes de diverses couleurs, ce qui présente l'aspect flatteur d'une ville tout en décoration, et préparée pour une grande fête. Cette idée de la peinture sur des murailles extérieures, n'a pu naître dans un pays où la plus grande partie de l'année est pluvieuse, froide et chargée de brumes : cette pompe de couleur, qui donne aux villes de Flandre un air oriental, ne peut avoir été suggérée par l'imagination d'un peuple qui habite une contrée, sans doute, affreuse en hiver. L'Angleterre ne peint point ainsi ses bâtimens ; Cantorbéry est, je crois, la seule de ses cités qui se fasse remarquer par de telles peintures. Tout le Nord de la France ne présente rien de semblable, pas même Lille, qui n'a été, il est vrai, que momentanément sous le pouvoir des Espagnols. La plupart des contrées de l'Italie n'ont une certaine conformité à cet égard, avec les villes de Flandre, que parce que ces mêmes Castillans ont, plus ou moins, possédé lesdites contrées. C'est donc le souvenir des belles villes d'Espagne qui a fait introduire, par Charles-Quint et ses successeurs, dans leur froide Belgique, ces formes et ces manières, qui pouvaient leur rappeler l'idée du beau pays et du doux climat d'Espagne.

Ce qui a contribué à conserver, dans un pays de neige et de frimats, ces couleurs toujours brillantes sur les parois extérieures des maisons flamandes, est le briquetage même dont elles sont formées, et qui retient sans fissure toute l'étendue de maçonnerie dont elles sont encroûtées. Les vives et ténaces couleurs fabriquées par les Hollandais y ont concouru pareillement. Quoiqu'il pleuve souvent à Madrid, à cause des hautes montagnes de la Moréna dont cette ville est presqu'entourée, la couleur placée sur la maçonnerie de ses bâtimens, ne s'en détache nullement, parce que le plâtrage est adhérent au granit dont tout Madrid est bâti, et que, par ses pores et ses crevasses, il présente à la peinture une infinité de points d'appui, comme les briques du Nord.

Un grand nombre d'édifices offrent à Gand, comme à Madrid, des jalousies ou des treillis sur les fenêtres du rez-de-chaussée ou du premier étage ; et dans plusieurs rues on peut observer le même genre de trottoirs en dalles étroites qui se trouvent le long de toutes les maisons des cités d'Espagne. D'après ces traits manifestes, Gand peut donc être considéré comme une ville de structure espagnole.

XXXV.

Cathédrale de Saint-Bavon. — Sa description. — Chaire admirable. — Mausolée magnifique.

LES églises d'Espagne étant actuellement les plus riches des États catholiques, puisqu'il faut en excepter les églises de l'Italie qui ont dû souffrir de toutes les dévastations de la guerre, les belles rues de Gand devaient me conduire naturellement à la cathédrale de St.-Bavon (Saint-Baefs), pour examiner si le même goût espagnol avait présidé à sa décoration.

Cette basilique ne date que du règne de Charles-Quint, qui la fit construire dans le local où elle est assise aujourd'hui. L'ancienne église de Saint-Bavon se trouvait sur l'emplacement où ce prince a élevé depuis une forte citadelle pour brider ses Gantais.

En général les monumens religieux de Gand sont d'une époque moins éloignée que celle des autres édifices du même genre partout ailleurs ; et l'architecture de ce pays paraît d'un goût plus décent que les gothiques de France, etc. L'on ne trouve point à Gand, devant le portail de cette sorte de monumens, cette longue suite de Saints qui les oppressent en diverses contrées. La plupart des églises de Gand se distinguent au dehors par la hauteur et la simplicité de leurs tours à carillon. Ces tours à horloge leur donnent une grande ressemblance avec la Giralda de Séville.

Parmi le grand nombre d'objets précieux qui décorent et brillent à l'envi dans St-Bavon, nous remarquerons l'admirable chaire de cette basilique. Cette chaire s'élève derrière les statues, de grandeur naturelle, de St Jérôme et de la Magdeleine, en marbre blanc. La Sainte présente au Père de l'église le livre des Pseaumes, sur lequel on lit un verset qui a rapport à la situation pénible de Jérôme : ce beau morceau est de Delvaux de Nivelles.

Le couronnement de la chaire est ce qui frappe davantage ; c'est l'arbre du Paradis terrestre qui étend ses longs rameaux de marbre; ces branches portent des fruits à pommes d'or, ce qui produit un effet charmant. Un grand serpent qui rampe parmi ces branchages, et qui a cueilli l'une de ces pommes fatales, est devenu lui-même doré, effet de la présence du poison et de la malédiction commencée, etc. Il est des détails admirables et infinis dans ce morceau de sculpture.

Sur les côtés du chœur s'ouvrent deux vestibules parés de riches chapelles d'un côté ; et de l'autre, de superbes arcades adossées au chœur même. Le marbre blanc et noir, le cuivre doré, les peintures, tous les genres de sculpture déploient à l'envi toute la splendeur de leurs ornemens sous ce double vestibule.

C'est vers le milieu de ces fastueux couloirs que l'on admire ce mausolée magnifique élevé à la mémoire d'un Archevêque de cette cathédrale, dont le portrait en mosaïque est entouré de grands génies en pleurs.

J'ai retrouvé partout ici cet enthousiasme pieux des Espagnols, qui surchargent les objets sacrés de tant d'ornemens tout à la fois si pompeux et si puériles, que l'œil finit par en être offusqué. Gand, par le détail de cette sorte de décoration religieuse, a, de nouveau, un rapport plus décidé avec les manières espagnoles.

Après avoir considéré l'un des plus beaux vaisseaux de la Belgique, il est sans doute inutile de s'égarer dans quelqu'autre description à ce sujet. L'on peut ajouter qu'en sortant de Saint-Bavon, l'on ne peut trop s'étonner de la conservation de tous les riches ornemens de son intérieur, après les tems atroces de nos pillages civiques.

XXXVI.

Beffroi. — La Roland. — Dragon doré. — Maison de ville. — Salle de la Cavalcade.

A LA sortie de Saint-Bavon l'on trouve un édifice gothique, qui s'élève en tour quarrée à une hauteur démésurée ; cette tour, qui domine toute la ville, est le beffroi bâti en 1313. C'est dans les salles basses de ce bâtiment que siégent quelques autorités secondaires.

On monte à ce beffroi par 500 degrés ; là, on contemplait une cloche dite *la Roland*, qui pesait onze milliers, et qu'on mettait en branle lorsque la guerre se déclarait dans le pays flamand. Ce beffroi supporte l'un des carillons les plus famés de la Belgique. Cette campanille est surmontée d'un dragon doré à aîles étendues, que l'on dit gros comme un taureau. Ce dragon fut envoyé de Constantinople, par Baudoin IX, comte de Flandre, lorsque cet empire appartenait à ce Baudoin et à ses Croisés. On ne peut attribuer cette ridicule enseigne, plutôt à l'art des Romains dégradés, qu'à celui des Croisés ignorans ; ce dragon est du plus mauvais goût.

Vous n'avez plus qu'un pas pour vous rendre à la maison de ville qui se présente avec majesté, sur trois rangs de colonnes d'ordres principaux ; cette colonnade, quoique de pierre noirâtre, est magnifique ; le bâtiment qu'elle compose paraît très-désert, quoiqu'il renferme plusieurs grandes autorités.

Cette maison de ville est composée de deux bâtimens, dont l'un fut commencé en 1481, et l'autre en 1600 : la partie la plus antique ne présente que des murs, des plafonds très-élevés et des salles d'une grandeur prodigieuse : différens passages assez étroits conduisent aux diverses parties de ce double monument ; et un étranger s'égarerait aisément dans les détours de ce labyrinthe, si l'on n'avait un guide ou si l'on ne faisait attention aux inscriptions multipliées, qui sont fichées sur le haut de ces corridors sans nombre.

La salle de la cavalcade, la plus vaste de toutes celles de cet édifice, était remarquable par huit grands tableaux allégoriques et très-beaux, des exploits de Charles-Quint.

XXXVII.

Places de Gand. — Statue de la Liberté. — Marchés publics. — Promenades intérieures.

GAND, que les Flamands nomment ou écrivent *Gend*, renferme treize places publiques qui toutes sont converties en marchés. La principale, et la plus belle par le coup-d'œil uniforme que présentent les maisons qui la dessinent, est la place dite du Vendredi (Vrydags Merkt); au centre s'élève un piédestal qui soutenait la statue pédestre de Charles-Quint, en bronze; l'Infante Isabelle avait érigé cette statue à son aïeul : ce bronze a été remplacé par la statue en carton de la Liberté, et que j'ai vue dans le plus grand délâbrement.

Gand est renfermé dans vingt-six îles,

dont les communications sont aidées par 22 ponts de bois et 45 de pierres.

Les marchés publics sont bien fournis et peu éloignés les uns des autres : celui aux légumes est spacieux, et la quantité énorme de végétaux qu'on y voit étalés, prouve le soin extrême qu'on apporte à leur culture et le débit prodigieux qui s'en fait chez un peuple qui y trouve sa principale subsistance.

Les boucheries sont abondamment fournies, et les volatiles de toute espèce y foisonnent.

Le marché aux poissons, qui se divise en celui de mer et celui d'eau douce, est tous les jours approvisionné d'une manière merveilleuse. La position de Gand entouré de tant de rivières et de canaux, sa proximité de la mer, dont il n'est éloigné que de quatre lieues, lui présente, à cet égard, toute l'abondance qui doit naître d'une telle facilité. Parmi les poissons de mer, dont ce marché est souvent couvert, l'on remarque particulièrement des Esturgeons d'une grosseur monstrueuse, et beaucoup de Sterlets de cette même classe des Esturgeons, mais dont la taille est plus petite et le manger plus délicat.

Pour le poisson d'eau douce, celui de la Lys est recherché, comme partout ailleurs ;

mais les anguilles de l'Escaut jouissent d'une certaine renommée; et la profession de beaucoup de femmes ne consiste que dans la vente spéciale des poissons de cette espèce.

En général, le poisson est si abondant sur toute cette côte maritime, jusques vers les bords les plus reculés de la Norwège, que les servantes, en ces contrées, ne se mettent à la solde d'une maison que sous la condition qu'on ne leur donnera du poisson à leur repas que deux fois par semaine.

Les peintres Flamands ont souvent pris les marchés aux poissons de leur ville, pour sujet de leur tableau; on sait combien ils ont réussi dans ce genre de composition, qui leur plaisait infiniment.

Gand offre de charmantes promenades, mais très-peu fréquentées. Les femmes y sont généralement sédentaires, et les hommes, sans sortir de leur mur, trouvent une distraction facile sur le Kauter, planté de beaux arbres, dans leurs marchés même, et surtout le long des beaux quais de la Lys, où l'activité du commerce, la foule toujours pressée des matelots, l'entrée et la sortie d'une foule de navires semblent leur offrir une récréation plus variée, plus instructive et plus agréable.

XXXVIII.

Gand, chef-lieu de Département. — Littérature. — Population actuelle. — Digression à ce sujet.

GAND est le chef-lieu des administrations civiles du département de l'Escaut, et le siége des premières autorités judiciaires de ce même département.

Cette ville renferme l'école centrale, où sont la bibliothèque, le jardin botanique, le cabinet d'histoire naturelle et de physique.

Quant au goût de l'étude et aux progrès de la littérature, ces objets ne pouvant entrer dans des combinaisons commerciales, leur état est ici presque nul : les libraires m'ont paru, en général, fort mal fournis ; ce qui ne fait pas l'éloge des hommes de Gand. La patrie de Charles-Quint n'a pas été féconde en gens de lettres ; l'on ne connaît pour littérateur célèbre, parmi les Gantais, que le savant Heinsius, né en 1580.

La population de Gand n'est guère aujourd'hui que de 50,000 ames : elle a donc étrangement diminué, puisque du tems de Louis de Mâle, en 1383, l'on avait trouvé à enrôler 80,000 combattans. Dès l'année 1006 la peste enleva 34,000 Gantais, et à proportion dans les autres villes de Flandre. Ce qui prouve que, dès cette époque antique, la Flandre, riche par son commerce, heureuse par ses lois, puissante par sa liberté, était plus peuplée que la France entière qui, alors, roulait dans la plus déplorable anarchie. L'on connaît ce mot de Philippe-le-Bel, à la bataille de Mons-en-Puelle, qui toujours victorieux des Flamands, et ne cessant d'en voir revenir à la charge : „ Je crois, s'écria-t-il, qu'il pleut des Flamands. „

La Flandre, dans le XVIe siècle, était couverte de tant de villes et de villages, que les Espagnols qui y suivirent Philippe II, crurent d'abord que toute la Flandre n'était qu'une ville.

Les richesses de Gand, l'extrême population des Gantais, l'orgueil qui devait naître de l'une et l'autre de ces causes, les rendirent constamment odieux aux divers princes dont ils ne supportaient qu'avec impatience l'autorité. La politique ne chercha plus qu'à les diviser ; ils furent affaiblis de toutes manières, et les troubles de religion et ceux que la guerre fomenta perpétuellement sur leur territoire, en les rendant plus souples sous le fouet de leurs dominateurs, leur enleva bientôt tout ce qui pouvait maintenir ou aider à cette prospérité ancienne. Charles-Quint surtout châtia d'une façon si rigoureuse l'humeur de ceux de Gand, que cette ville eut plus d'une fois bien sujet de se repentir de lui avoir donné naissance. A force d'adresse et de politique, ce prince parvint à faire une solitude de l'une des plus grandes villes de l'Europe. Aujourd'hui, citoyens associés aux destinées de la République française, puissent-ils jouir bientôt des bienfaits que leur promet une liberté dégagée enfin de toutes les folies monarchiques et populaires !

XXXIX.

Caractère des Flamands. — Comparaison entre eux et les Français. — Industrie des Gantais. — Fabriques. — Rue Saint-Weld.

LES Flamands sont assez ouverts entre eux, mais très-réservés en public. Il est facile au premier aspect de les distinguer d'un Français. Le Flamand est reconnaissable à son air taciturne, silencieux et indifférent ; le Français, par une sorte de turbulence qu'il appelle bon ton, mais qui n'est que celui de la puérilité et de la sottise.

Chez une Nation grave, et dont la gravité semble être l'emblême de la sagesse et de la réflexion, la vivacité du Français forme un contraste qui met tout de suite à découvert son ineptie et ses ridicules : il est fort aisé au dehors de remarquer, au premier coup-d'œil, combien la jeunesse française est ignorante et mal élevée, malgré son ton tranchant et décisif. En France, cette dissimilitude ne frappe point, parce que tous les individus ont le même caractère, ou plutôt n'en ont point ; mais au loin il se détache avec éclat du fonds étranger.

Les soulèvemens qui ont eu lieu en Belgique depuis la révolution, ont prouvé que les Belges ne se ployaient qu'avec peine aux lois d'une nation aussi changeante et versatile dans sa législation que dans ses modes. A ces premiers indices de mépris se sont joints tous les sentimens de la haine, lorsqu'ils ont vu les agens français envoyés parmi eux, se livrer en furieux à tous les genres de pillage et de vexations ; une telle conduite, en effet, a dû légitimer de tels ressentimens ; et pour ramener ce peuple, que des danseurs n'offensent point impunément, il faut toutes les assurances que peuvent offrir en ce moment la moralité et la bonne-foi du gouvernement actuel.

Les Belges détestent sans détour les Autrichiens, qui les vexaient avec toute la rudesse et le flegme germanique ; mais il paraît qu'ils ont donné, jusqu'ici, une préférence amicale aux Anglais, qui les attachent à leur cause par les liens du commerce qui sont plus forts que ceux des bayonnettes ; politique très-adroite de la Grande-Bretagne, qui enchaîne tout à ses intérêts par l'influence puissante du besoin et de la nécessité. Ce n'est pas que les Anglais ne soient des voleurs, comme tous les autres, mais si en Asie, ils volent avec bassesse, en Europe, du moins, ils volent avec dignité.

Les Gantais sont très-industrieux ; ils possédaient, dès les premiers tems, des manufactures de très-beaux draps, tandis que les Français, n'ayant pas même à cette époque les premières idées des arts utiles, ne s'occupaient que de croisades et de combats de chevalerie. L'art des tisserands fut établi dans cette ville dès l'an 865, par Baudoin, fils d'Arnould-le-Grand. Gand était alors, dit l'abbé de Vély, le seul endroit où l'on fabriquait ces draps de haute-lisse, dont nous n'avons atteint la perfection que dans ce dernier siècle. Les beaux draps sortaient également de Bruges, et les fabriques de toile établies dans ces deux villes étaient si précieuses, que Béatrix de Flandre, en 1298, en épousant le comte de Laval, voulut enrichir ses nouveaux Etats, en y introduisant des tisserands de Bruges.

Les principales fabriques et manufactures de la ville de Gand consistent aujourd'hui en blanchisseries de fil, de toiles, de cire; imprimeries d'indiennes; fabriques de papier meublé et marbré; fonderie de cobalt ou fabrique d'azur; fabrique de bleu de Berlin; moulins à papier; manufactures de rubans; filatures de lin; raffineries de sucre; savonnerie et salines; fabrique de cartes; grande corroyerie; fabrique de colle-forte; fayencerie; moulin à scier du bois; fabrique de tabac; filature de coton à l'anglaise; fabriques de bas, de serge, de frisardes, de cotting, de casimir, etc. etc.

La rue Saint-Weld est la plus riche de celles de Gand, par l'exposition de tous les produits précieux de ces fabriques; elle n'est composée que de boutiques qui étalent tout ce que le goût et le luxe ont pu inventer de plus somptueux et de plus élégant.

X I.

Ypres. — Route par Menin. — Belle plaine. — Situation d'Ypres. — Remparts de cette ville.

De retour à Lille, je me rendis de cette ville à Ypres (17 vendémiaire, an 8e), six lieues de Brabant au-delà.

Il est deux routes que l'on peut suivre ; la première par Warneton, sur un chemin très-agréable par ses détours continuels, mais peu fréquentée par les voitures publiques ; la seconde par Menin, celle-ci est un peu plus longue. A cette époque, la campagne n'était plus si belle, les récoltes étaient entièrement faites, et l'on s'occupait à préparer la terre pour les jours du printems prochain.

A la sortie de Menin, vers Ypres, la plaine s'étend de part et d'autre, elle est immense ; on ne trouve çà et là que quelques feuillages rares ; de grands bois dans le lointain vont se fondre dans un horizon infini : l'on ne voyait sur pié, dans les champs, que des plantations d'une étendue prodigieuse de ces navets vigoureux, si utiles à la nourriture de l'homme et à celle des bestiaux.

L'on parvient, à quelques lieues de là, à

un bois très-touffu qui presse le chemin, jusqu'à une certaine distance d'Ypres : cet ombrage si flatteur pour le passager, cette verdure continue qui récrée tant le voyageur, n'ont point laissé que de voir jouir de ces bienfaits des bandes de séditieux, qui ont cherché plus d'une fois à organiser une rébellion vendéenne dans ce département.

Ypres se présente dans une vaste plaine ; les chemins qui y conduisent sont exhaussés au-dessus de cette plaine ; ils prennent le nom de chaussées si connues et si communes dans la ci-devant Flandre ; des troupeaux de 300 bœufs errent souvent dans les belles campagnes qui environnent Ypres.

Les remparts de cette ville sont très-beaux, de construction moderne, mais le côté seul qui regarde la France est de forme antique, et dans le genre de celle de Reims : les eaux qui se trouvent dans les fossés, dits de Messine, s'étendent à des distances considérables ; ce ne sont que des inondations qui ont converti cette partie de la campagne en de vastes marais : leur aspect en général est très-triste, et n'a pas ce coup-d'œil agréable des eaux vives qui circulent dans les fossés de Lille.

X L I.

Histoire succincte d'Ypres. — Ses révolutions. — Décadence de son ancienne gloire. — Prise d'Ypres par les Français.

L'AN 800, les Normands saccagèrent la ville d'Ypres, ainsi que toute la Flandre qui était alors entièrement ouverte et mal défendue. Après leur retraite, le comte Baudoin V la fortifia par un rempart de terre et une haie vive ; remparts de ces tems-là. Les rois de France Louis VI, Philippe-Auguste et Philippe-le-Bel, la prirent successivement et la saccagèrent plus ou moins.

L'an 1325, les Yperlins se révoltèrent, ainsi que la plus grande partie de la Flandre, contre Louis de Nevers, leur comte, et enveloppèrent dans de nouveaux remparts les faubourgs qui étaient extrêmement peuplés de tisserands occupés aux manufactures de draps et de serges qui florissaient alors de la manière la plus brillante à Ypres : leur jalousie qui ne pouvait souffrir que les habitans des villages circonvoisins qui se mêlaient du même métier, en tirassent le même profit, les portait continuellement à faire des incursions contre tous leurs voisins. Depuis ce tems là, jusqu'en 1383, ce ne fut qu'une suite continuelle de révoltes, excitées par ces tisserands séditieux.

Les Anglais qui fomentaient les troubles d'Ypres, et qui y prenaient part, s'avancèrent, aidés des Gantais, jusqu'aux portes de cette ville qu'ils assiégèrent, mais sans gloire. Ils emportèrent toutefois beaucoup d'outils et d'instrumens pour ces manufactures de draps qu'ils ont établies depuis cette époque avec tant de succès en Angleterre.

Philippe de Bourgogne, devenu maître de la Flandre, s'attacha à déporter dans les villages voisins cette multitude de tisserands, que leur grand nombre rendait aussi insolens que difficiles à gouverner. Dès-lors les manufactures de draps qui avaient fait la richesse et la gloire d'Ypres, tombèrent insensiblement, et les guerres de religion finirent par l'accabler sans retour.

Cette ville était si grande autrefois, qu'en 1442 on y comptait 200,000 habitans ; cette population est réduite aujourd'hui à environ 13,000 individus.

L'an 1er de la République, Ypres se rendit aux Français après douze jours de tranchée ouverte. La garnison, de six mille Autrichiens, fut faite prisonnière de guerre ; l'on prit cent pièces de canon, vingt-neuf drapeaux, et neuf cents chevaux.

XLII.

Ypres, ville solitaire. — Usages particuliers. — Repas. — Bœuf fumé. — Vin de Tours.

YPRES est très-solitaire ; il y règne un silence éternel, à l'exception des jours de marché où le peuple des campagnes afflue dans cette ville. Le sale ruisseau d'Yperle, qui la traverse, lui a laissé son nom.

Le commerce d'Ypres consiste principalement en blé, en draps, cuirs, etc. ; en beurre que l'on apporte de Dixmude et qui est le plus recherché de tous ceux de ces cantons. La qualité de son froment est, comme dans le reste de la Flandre, d'un assez bon goût et fort nourrissant, mais d'une couleur noirâtre qui donne à la pâte l'apparence de pain de seigle : ce pain est distingué de celui qu'on nomme pain français, qui est très-petit et d'une blancheur admirable comparée au méteil. Dans les jours de marché l'on voit à Ypres, les boulangers à leur porte, sonner de la trompe et avertir par ce lourd signal les gens de la campagne que les petits pains de luxe viennent de sortir du four. Ils accourent tous pour se distraire de l'usage de leur pain noir. Ils étendent sur ces pains leur couche de beurre ; c'est un régal délicieux, disent-ils.

J'entre dans l'auberge qui, ce jour-là, est encombrée des paysans du district : les tems maigres sont tellement observés ici, qu'il serait impossible de trouver un morceau de viande fraîche dans toute la ville un jour de vendredi. La révolution n'a rien changé à ces idées. A midi sonné, toute la ville d'Ypres est à table. Quel que soit le genre des mets, ils nagent toujours dans des flots de beurre ; ce qui rend les repas très-uniformes. Dans certaines familles on a l'usage de saler, pour le service de la maison, de grosses pièces de bœuf ; cette viande fumée sert autant que possible ; sa couleur n'est point revenante, et son goût est très-fade. Ce bœuf fumé n'a aucune des bonnes qualités de celui de Hambourg ou d'Irlande.

La boisson ordinaire est la bierre, soit d'Ypres, soit de Lier. Lorsque la gaieté déride les graves Yperlins, ils font apporter au dessert ce vin blanc qu'on nomme de Tours; il est très-frelaté, repoussant à force d'être doucereux, et ne tarde point à jeter dans l'ivresse. Le café se sert à profusion, mais il est léger. Les campagnards en boivent toujours trois ou quatre tasses.

L'on connaît la propreté de leur ameublement ; le soin des femmes de Flandre descend à cet égard jusques dans les détails les plus minutieux ; leur cuisine, comme tous les lieux sales par leur usage, sont d'une élégance qui semble le disputer à la beauté même des appartemens.

La langue flamande est ici principalement répandue ; peu de personnes se servent de la langue française ; ce qui ne laisse pas d'embarrasser les étrangers. Les emplois publics ne peuvent être remplis à Ypres que par des individus qui connaissent l'un et l'autre vocabulaire. Il en est de même de toutes les petites villes écartées qui se trouvent dans la ci-devant Belgique.

XLIII.

Superbe halle aux grains à Ypres. — Cathédrale. — Dévotion des Yperlins. — La Châtellenie. — Cabinets de tableaux. — Canal de Vouzinghe.

LES objets publics qui méritent quelqu'attention dans Ypres, ne sont point certainement en grand nombre ; le peu qu'on en trouve semble s'être réuni particuliérement sur la grand'-place. On y admirait autrefois une fort belle fontaine de marbre blanc qui est aujourd'hui détruite : ce monument d'utilité très-grande n'offre que des décombres.

La Halle, édifice colossal, le plus beau, le plus vaste, le plus commode qui existe en ce genre peut-être dans toute l'Europe ; j'ai vu peu de bâtimens gothiques d'une conception aussi sublime et d'une conservation aussi surprenante. Cette halle d'Ypres fut bâtie en 1340 ; elle est surmontée d'un carillon qui par sa hauteur forme un très-bel effet. Parmi les salles qu'elle renferme, et où l'on dépose des amas immenses de grains dans les tems de foire, il en est une dont l'étendue est telle, que j'y ai vu exercer un bataillon de conscrits qui partait pour l'armée. La municipalité siégeait dans l'une des aîles de ce bâtiment.

L'église cathédrale, dont fut évêque le fameux Jansénius, est d'un gothique simple et agréable. C'est un vaisseau immense et fort bien éclairé; il est entiérement pavé de marbre blanc et noir, et les ornemens de toute espèce y sont prodigués à l'envi (7). A chaque pilier de la nef, l'on trouve toujours un Saint quelconque qui semble être le protecteur particulier de ce pilier; cet usage est universel dans toutes les églises de Flandre. Ce bel édifice avait été mis en vente le jour même que je suis arrivé dans cette ville. Acheté par je ne sais quelle compagnie d'associés, elle se préparait à en tirer le parti le plus prompt, lorsque les citoyens de la ville, qui s'étaient cottisés presque tous pour rendre cet édifice à son premier service, parvinrent à le conserver. Le peuple d'Ypres est très-dévot; ses sentimens à cet égard n'ont point changé, et sa dévotion va même jusqu'à une sorte de superstition. L'on n'entendait que des imprécations contre les Français, qui en tous lieux avaient brisé les autels, enlevé les tableaux, et s'étaient conduits d'une manière

(7) L'on peut observer que les Flamands ont un goût décidé pour l'emploi des marbres blanc et noir, qu'ils associent et font entrer dans le décor de tous leurs monumens religieux.

aussi impie que violente. Les fonctionnaires publics n'aidaient nullement à ces reproches et à ces déclamations ; c'étaient les seuls d'entre les Yperlins.

La châtellenie, où siégeaient les anciens magistrats ou chargés d'affaires de ce district, a été convertie en auberge : cette maison qui a un grand nombre d'appartemens, d'écuries, de cours, est peinte à l'extérieur d'une manière charmante ; elle est ornée d'une infinité de décorations, de dorures, d'ornemens à dentelles qui embellissent également le toît ; le coup-d'œil de cet hôtel est très-singulier. C'est dans les principales chambres de la châtellenie que le tribunal correctionnel et les tribunaux de paix tiennent leurs assises. Dans l'une des salles de ces tribunaux est un superbe tableau qui représente le martyre d'un jeune homme, à qui un Préfet romain fait crever les yeux. Le sujet de ce tableau n'est guères propre à tranquilliser ceux qui sont appelés à ce tribunal.

Le canal de Vouzinghe, situé à la porte de Dixmude, est un monument qui fait le plus grand honneur au génie de celui qui l'a entrepris : sa situation est admirable ; sa perspective infinie. Les seigneurs d'Allemagne ou de Flandre, ne venaient jamais à Ypres sans aller jouir du beau coup-d'œil et des belles promenades de ce canal.

Je vis à Ypres plusieurs cabinets de tableaux précieux, tous de l'école Flamande ou Hollandaise ; le plus renommé de ces cabinets était alors celui des citoyens Amare, frères, qui avaient hérité de la brillante collection de leur père. Le cabinet du directeur de la poste avait joui jusqu'alors d'une grande réputation ; mais lorsque les Français bombardèrent cette ville tous ces tableaux furent abymés ; et ce qu'il y a de remarquable, c'est que les bombes détruisirent tous les tableaux de mérite, et ne conservèrent que les mauvais.

XLIV.

Plaines de Tournay. — Charbon minéral de Mons. — Ses qualités. — Pont-à-Tressan, ancienne limite des deux Flandres.

Je quittai Ypres pour me rendre à Lille, par la belle route de Warneton. De nouvelles affaires m'ayant appelé à Gand, je résolus, pour varier le tableau, de diriger ma course par la route de Tournay, département de Jemmapes (6 brumaire, an 8).

Tournay est éloigné de Lille de quatre fortes

lieues : la fertilité des campagnes de ce côté me parut si grande, qu'elle semblait braver l'âpreté du froid. De grandes plaines s'étendaient de plus en plus vers l'Est, tandis que les bois, plus pressés, fuyaient vers le Nord, en côtoyant les rives de la Lys : ces plaines immenses, qu'on traverse encore bien au-delà de Tournay, offrent cet intérêt aux zélateurs de l'histoire, que ce fut sur ce vaste théâtre que les Francs posèrent les fondemens de l'empire Français, et que Tournay devint le siége de leur gouvernement.

La route se trouvait perpétuellement embarrassée de ces pesantes voitures qui viennent de Mons, et qui transportent à Lille, et dans les autres cités de ces départemens, des charges énormes de houille pour la consommation de l'hiver. C'est à ces diaboliques transports que l'on doit attribuer la déplorable dégradation de toutes les routes du Tournaisis.

Cette houille, qui vient de Mons, et qu'on nomme charbon de terre, est une matière noire qu'on tire de terre; elle est sulphureuse, et on la met au nombre des pierres minérales. On la consomme dans des espèces de poëles quarrés faits de grillage de fer ; un feu bleuâtre et une vapeur maligne s'en exhalent ; cette houille se débite en gros morceaux brillans, et la consommation en est prodigieuse dans les Pays-Bas. Cette substance minérale est susceptible de conserver le feu plus long-tems, et de produire une chaleur plus vive qu'aucune autre substance connue. Ce charbon est plus ou moins sec, plus ou moins friable, quelquefois compacte, quelquefois feuilleté, mais toujours imprégné d'une matière bitumineuse abondante. Certaines veines de charbon de terre ont quelquefois tant de solidité qu'on est obligé de se servir d'une masse de fer pour le briser. Ce charbon n'est qu'une terre pénétrée et minéralisée par le bitume.

Pont-à-Tressan, bourg situé à moitié chemin de Tournay et de Lille, formait autrefois les limites qui séparaient, de ce côté, la Flandre Française de la Flandre Autrichienne.

X L V.

Triste entrée de Tournay. — Visite continuelle des passeports. — Dégoût à ce sujet. — Auberge du Singe d'or.

L'ON arrive à Tournay par un faubourg très-misérable, dont la longueur est fatigante et même insupportable. Il était assez tard lorsque nous dépassâmes la forme de ses remparts; il fallut s'arrêter dès l'ouverture de la première rue pour présenter les passe-ports. Cette formalité est d'autant plus gênante qu'elle se renouvelle à chaque pas; qu'à chaque pas il s'agit de les faire enregistrer; que les commis qui les enregistrent savent à peine écrire; que sachant à peine écrire, il faut se prêter à tous les retards qu'ils exigent; que ces retards malencontreux, font pester étrangement et les voyageurs et le postillon. Enfin, l'on nous rendit nos passe-ports, c'est-à-dire, à moi celui d'un autre, celui d'un autre à un autre encore, ainsi de suite; il fallut tout échanger dans l'obscurité.

La voiture s'arrêta devant le Béfroi, dans une maison où l'on ne veut pas recevoir les voyageurs; autre incommodité. Il fallut, sous les auspices d'un garçon de place, courir dans les boues de Tournay, et aller chercher un logis dans une ville sans réverbères. Après avoir traversé une partie de la ville, avoir rasé les murs de la Commune où il ne se trouvait pas même une seule lumière, je parvins, enfin, à travers certaines arcades où les passans ne fesaient que se heurter, à l'auberge du *Singe-d'Or*. Je dirai ici en passant, qu'il est singulier que les traiteurs ne marquent jamais leurs enseignes à la fine Perdrix, au fort Chapon, au bon Faisan; et qu'ils s'obstinent, au contraire, à indiquer leur table au Singe-d'Or, au Lion-d'Or, au Cheval-d'Or, comme si l'on mangeait du singe ou du cheval en pleine paix.

Quoi qu'il en soit, la table fut bien servie, et l'hôte d'une grande affabilité ce soir là. A cette table, se trouvaient plusieurs voyageurs, et entre autres un jeune Prussien, qui fit seul les frais de la conversation ; il savait à peine le français, et cependant telle fut sa hardiesse, qu'il ne cessa pas un moment de s'exprimer en cette langue ; il revenait alors de la comédie, et déclamait, en style fort comique, contre la pièce, contre les acteurs, contre la salle et contre Tournay.

Nous fûmes rudoyés, à la fin du repas, par la visite d'un commissaire de police, qui vint inspecter les passe-ports. L'aspect des étrangers effarouchait continuellement les hommes de Flandre; les autorités secondaires étaient toujours sur pié, et les voyageurs pouvaient à peine respirer.

XLVI.

Antiquité de Tournay. — Pris par les Francs sur les Romains. — Intérieur de cette ville. — Citadelle bâtie par Henri VIII. — Celle élevée par Louis XIV.

TOURNAY, de la deuxième Belgique, du tems de Jules-César, était la principale des Belges-Nerviens : cette ville fut entièrement détruite, lorsque ceux de Tournay s'avisèrent, dans la guerre des Gaules, de se liguer contre César. Elle fut rebâtie sous Néron, et prit son nom d'une forte tour qui y fut élevée pour comprimer l'humeur guerrière et irascible de ces Gaulois.

Tournay fut pris en 445, par Clodion, sur les Romains qui avaient possédé toute la Gaule l'espace de 530 ans. Les Francs apportèrent en ce pays, la langue Wallone ou Flamande ; et cette ville devint le berçeau de la monarchie Française. C'est du tems de Childéric que les Francs, mêlés aux Gaulois, donnèrent le nom de France à tous les pays conquis. Ce Childéric, petit-fils de Clodion, tint sa cour ordinaire à Tournay ; il y mourut et y fut enterré ; on y a découvert, depuis peu, son tombeau : ce prince fonda la cathédrale de Tournay, en 578.

Si Tournay est célèbre par sa grandeur, il l'est encore plus par sa solitude profonde. L'architecture de ses maisons est d'un gothique tout différent de celui des autres villes gothiques ; il est ignoble.

L'Escaut, rivière large et dangereuse, traverse cette ville entre de beaux quais qui sont ombragés de grands arbres, ce qui forme une promenade agréable. Dans les tems de brume, le quartier des rives de l'Escaut est très-périlleux, parce qu'on a enlevé, je ne sais par quelle nécessité, les grilles en fer qui bordaient les quais ; de telle manière qu'il n'est pas surprenant que les passans, égarés par les brouillards d'hiver, ne tombent et ne périssent dans l'Escaut ; accident funeste, mais très-ordinaire dans le tems que je passai par Tournay (8).

(8) Tournay a appartenu aux Anglais sous Henri VIII, qui y bâtit une citadelle, à l'une de ses extrémités. Louis XIV y avait élevé depuis une citadelle très-forte, où il s'y trouvait des souterreins et des mines considérables. Louis XV la fit détruire en 1745.

XLVII.

Chemin impraticable entre Tournay et Courtrai. — Ennui et fatigue de ceux qui étaient alors sur cette route. — Deynse. — Pétéghem.

Les chemins que je trouvai à la sortie de Tournay, vers la route de Courtrai, étaient encore bien plus abymés que ceux qui s'étaient présentés au dehors de Lille. Les voitures publiques et particulières ne marchaient qu'au pas ; trop d'impatience les eût brisées : ô tourment des voyageurs !

La campagne, qui se déroulait sur un tapis sans fin, offrait une belle verdure ; à droite, une petite montagne qui est la seule dans tout ce canton, est d'un effet très-romantique ; elle est couverte de bois, et l'Escaut en baigne le pied ; la vue, de son sommet, en est superbe, et Tournay se déploie sur la plaine comme sur une carte. Nous trouvâmes plusieurs villages d'une simplicité et d'une propreté charmante, embellis du coup d'œil d'une infinité de jardins élégamment distribués.

A deux lieues de Tournay, les chemins devenant de plus en plus mauvais, l'on nous fit descendre à cause d'un éboulement qui s'était fait dans la route, et qu'on n'avait pas encore comblé. Le postillon avait toujours franchi ce pas difficile, mais cette fois il ne fut pas heureux ; un des chevaux s'étant abattu dans la vase énorme qui remplissait le précipice, la voiture et les chevaux y demeurèrent. Tous les efforts des conducteurs ne purent rien contre la force des obstacles. Après trois heures d'attente infructueuse, les voyageurs prirent leur parti, et se rendirent à pied à Courtrai, trois lieues par delà.

L'on pouvait compter sur cette route un assez grand nombre de ces trous d'enfer, que plusieurs ouvriers s'occupaient alors à niveler. Ces abymes n'étaient donc que ceux de Carybde et de Sylla ; et la voiture n'aurait pu détourner sa destinée fatale.

Aux environs de Courtrai, le terrein étant sablonneux, les chemins deviennent plus solides. Cette route est admirable par la beauté des arbres qui s'en élèvent des deux côtés, et par la variété continuelle de ses descentes et de ses montées, ce qui donne une perspective toujours nouvelle.

Arrivé à Courtrai, toutes les messageries de Gand en étaient parties ; je pris la poste pour aller coucher à Pétéghem, jouissant tout à la fois, dans cette soirée, du spectacle admirable des brillantes campagnes arrosées par les tranquilles eaux de la Lys, et des routes plus admirables encore de la Flandre proprement dite.

Pétéghem est dans une position charmante; il n'est séparé de Deynse que par la Lys, et réuni par un pont mobile pour le passage des navires : ce sont deux paroisses distinctes, qui font ce qu'on appelle bande à part, quoique ces deux portions de ville n'en fassent certainement qu'une.

Deynse, si célèbre dans tout ce département par ses manufactures de genièvres, et surtout par leur prodigieux débit, se vante d'une antiquité fort reculée. On croit que cette petite ville a été bâtie en 500 par les Goths et les Vandales, après qu'ils se furent emparés de Gand. Les Romains, pour arrêter l'audace de ces barbares, élevèrent du côté opposé le château de Pétéghem.

XLVIII.

Château des anciens Comtes de Gand. — Sa description. Temple de la Loi. — Fête nationale pour des victoires.

PARMI les monumens de curiosité diverse que je n'avais pu considérer dans ma dernière course à Gand, est l'ancien château des Comtes de Gand, situé sur la place de Saint-Pharaïlde. L'extérieur de ce château est un massif de pierres posées péniblement les unes sur les autres, sans goût, sans symétrie, et d'un aspect sauvage et repoussant : sa difformité est d'autant plus frappante, que cette forteresse se détache du milieu des maisons gracieuses de Gand.

Ce palais des Comtes était autrefois un Fort avec un temple dédié à Mercure, que César avait fait construire. L'on dit que ce château contient près de 300 chambres. Charles-Quint passa une partie de sa jeunesse dans l'intérieur de ce château. Ce genre de forteresse est sur une élévation entourée des eaux de la Lys.

Au sortir de ce noir monument, je rencontrai le cortége considérable de tous les fonctionnaires du département de l'Escaut, qui, précédé de fanfares, de banderolles, et suivi d'un corps de cavalerie, s'avançait avec pompe vers le temple de la Loi, pour célébrer les victoires remportées sur les Anglais par les Républicains aux ordres de Brune. Ce temple, qui était ci-devant sous le vocable de Saint-Michel, est un vaisseau superbe et d'une grande élévation ; cet édifice n'a pas été achevé. L'on ne voyait pour cette fête nationale aucune décoration dans l'intérieur ; mais le sanctuaire avait été converti en un parquet élevé, où les fonctionnaires étaient placés d'une manière agréable. Le coup d'œil le plus contrariant était celui du peuple, qui, debout, le chapeau sur la tête, allait çà et là, parlant à haute voix, faisant son tapage ordinaire, et transformant ce beau lieu, malgré tout le flegme belgique, en une véritable halle.

Dans les Départemens, les fêtes, en général, sont parfaitement ridicules ; celles de Paris sont les seules qui se présentent avec pompe et splendeur ; mais aussi, que d'or dissipé pour un genre de spectacle qui ne rend personne ni plus riche ni plus heureux !

La musique entonna, dans le temple de Gand, quelques airs civiques. L'on fit, suivant l'usage, de ces discours qui ne sont entendus de personne ; et l'on revint à la maison de ville dans le même ordre et au bruit de tous les carillons de Gand.

XLIX.

Théâtre flamand. — École centrale. — Bibliothèque. — Jardin botanique. — Cabinet d'Histoire naturelle.

VERS la haute Lys, il est à Gand une seconde salle de spectacle, où les pièces ne sont représentées que par des Flamands et en langue flamande ; elle s'ouvre assez rarement, et le jour que je la vis ouverte, elle devait être occupée par une bande de Comédiens français qui allaient jouer le *Marquis de Tulipano.*

L'entrée de cette salle est encore plus difforme que celle qui est située sur le Kauter : il est vrai que la comédie se donne chez un cabaretier qui, ayant chez lui de vastes salles, en a converti une en théâtre. Personne ne se trouvait aux loges, mais le parterre était rempli de femmes, de militaires et de jeunes gens.

L'École centrale occupe le Baudeloo, abbaye fondée en 1197. Elle est dans le voisinage des hospices civils ; et ce quartier tranquille et solitaire m'a paru très-propre aux étudians et aux malades.

La bibliothèque de cette maison n'était pas encore publique, mais je parvins à la voir par l'honnêteté du bibliothécaire. Elle était considérable et disposée avec beaucoup d'ordre et de soin. Le local qu'elle occupait n'était que provisoire, et on devait la descendre dans l'église de l'abbaye, que l'on préparait à cet effet. Un nombre infini de volumes remplissaient en outre une multitude de chambres.

Parmi les livres in-folio, il en est d'une date qui précède l'invention de l'Imprimerie ; ils sont écrits à la main. Les plus curieux sont deux traductions en latin, l'une de Plutarque, l'autre de la Bible : l'écriture est tracée sur le parchemin, et les titres sont enrichis de dessins fort délicats réhaussés d'or et des couleurs les plus fines et les plus vives. Ces livres, au reste, sont plus intéressans à être vus qu'à être lus.

Le Jardin botanique est aussi grand qu'il convient ; l'on a suivi dans sa distribution celle adoptée pour le jardin de Paris ; faute de fonds, les ouvriers y travaillaient à peine, et tout était encore à faire.

Près de là se trouve la Salle de Chimie assez mal pourvue ; aux environs, celle de Physique peu garnie de ses instrumens, et qui n'a d'objet remarquable qu'une belle machine électrique.

L'on voit dans cette salle le modèle très-curieux d'un vaisseau de 74 canons.

Le Cabinet d'Histoire naturelle ne consiste qu'en très-peu de quadrupèdes, quelques singes, l'Aï, un tigre, etc.; des oiseaux de l'Inde et de l'Amérique, quelques amphybies, des zoophytes, des madrepores, des minéraux, et surtout une collection précieuse de superbes coquillages. Ces divers objets sont directement adressés dans les départemens par les directeurs du Muséum de Paris.

Les Élèves de cette École étaient au nombre de cinquante individus ou environ.

L.

Canal de Bruges. — Son étendue. — Date de sa fondation. — Barque élégante. — Son intérieur.

Je quittai Gand (12 brumaire, an 8), pour me rendre à Bruges, par la voie du canal qui communique entre ces deux villes.

Ce canal, qui peut avoir en longueur huit fortes lieues de Brabant jusques sous les murs de Bruges, et douze jusqu'à Ostende, a été commencé sous le gouvernement d'Albert et d'Isabelle, en 1613, et achevé par les soins des États de Flandres. Ce canal magnifique est aussi commode qu'expéditif dans la belle saison ; ses bords ombragés de beaucoup de bois, sont solitaires, et n'offrent, dans un grand espace, que trois ou quatre villages que l'on traverse sous leur pont mobile.

L'on se sert, pour cette journée, d'une barque qui part tous les matins de Bruges et de Gand. Cette barque, d'une construction aussi élégante qu'elle présente d'aisance et d'étendue, peut contenir, dans l'entrepont seul, près de cent personnes : on la met en mouvement par le moyen de chevaux de relais, et l'on tend la voile lorsque le vent ou la position est favorable.

Au moment du départ, l'un des matelots, une sonnette à la main, parcourt les environs du quai, et donne aux voyageurs qui s'encouragent dans les tabagies voisines, le signal de l'embarquement.

Au son de la clochette on entre dans le vaisseau, dont le pont est toujours couvert de ballots et de bariques de bierre qui vont à leur destination.

Cette barque a pour préposés un surveillant en chef, deux timonniers, trois matelots, un domestique servant, et un cuisinier. Tous ces citoyens paraissent bien choisis et d'une grande prévenance.

Il se trouve, aux extrémités de cette barque, deux petits sallons décorés avec une sorte de magnificence, et qui ont des cheminées où l'on peut avoir du feu dans les tems froids. Ces salles sont réservées pour les compagnies particulières ou qui mangent à la grande table. Pour ceux qui s'asséyent à la petite, l'on a converti l'entrepont en une espèce de réfectoire. A cet égard c'est l'argent qui distingue ces doubles tables. De plus, vous trouvez une cuisine, des offices, etc., le tout tenu avec une propreté vraiment admirable.

L'on dîne à midi fixe, suivant la coutume générale de toute la Flandre, et l'on est d'ordinaire fort bien traité. Sur trente convives qui obstruaient autrefois les deux sallons, nous n'étions alors que quatre.

Cette charmante galliote, qui coule avec vîtesse sur une eau très-tranquille, semble rester néanmoins dans une parfaite immobilité; aussi cette marche uniforme devient-elle pénible et fatigante, si l'humeur de la société ne tend à la divertir. Mais dans le petit nombre de nos passagers, les uns dormaient, les autres vidaient en mesure la bierre éternelle.

Aux approches de Bruges le canal s'élargit considérablement par la jonction des eaux qui en baignent les murs. Le triste coup d'œil de cette ville ne donne pas une idée avantageuse de l'une des plus célèbres cités de l'antique et opulente Flandre.

L I.

Course à Ostende. — Ses environs. — Cette ville manque d'eau douce. — Cachalots ou Baleines.

AUSSITÔT que la barque de Gand s'est arrêtée au trottoir de Bruges, l'on trouve plusieurs voitures disposées et prêtes à partir de suite pour Ostende, Blankenberg, Maldeghem, l'Écluse.

Comme il était de très-bonne heure à ma descente à Bruges, et qu'Ostende n'est éloigné de cette ville que de quatre lieues, il convenait d'user de la facilité qu'offrait ce court voyage.

La route d'Ostende, plus étroite que les autres routes de Flandre, est en partie pressée de deux rangs d'ormes, dans un espace assez étendu. Tout ce pays doit paraître fort touffu en été, par l'étalage même du peu de bois qui s'élève de ce canton.

Les bourgs que l'on rencontre, et entre autres celui de Ghistel, semblaient jouir d'une certaine aisance, que l'on doit attribuer au reflux du commerce d'Ostende dans les tems propices.

La grande fertilité qui embellit ce brillant district; cesse tout-à-coup aux environs d'Ostende. Le terrein devient aride, d'un aspect rechigné. Le froid se fait sentir, l'air résonne au loin du battement de la mer; les dunes se présentent avec leur tête dépouillée, blanchâtre et sablonneuse. J'entrai dans Ostende la tristesse dans l'ame, et en tournant des regards tardifs sur le beau pays qui fuyait loin de moi.

Ostende n'est ni un port, ni une ville considérable; en 814, ce n'était qu'un misérable village de pêcheurs. Devenu forteresse par la suite des tems, Ostende tient à ce titre l'une des premières places dans l'histoire des guerres. Cette ville maritime est environnée de deux canaux profonds, dans lesquels les vaisseaux peuvent entrer à l'aide du flux de la mer. Les maisons situées le long des quais du port, sont fort belles.

L'eau douce manque à Ostende; on est obligé d'en faire venir de Bruges: les brasseurs l'y envoient chercher dans des barques, d'où on la met en un réservoir qui est proche du port: ce défaut, et les autres incommodités du lieu, ont été cause qu'Ostende n'a point attiré chez elle les négocians de cette compagnie, à laquelle Ostende avait donné son nom.

En 1404, huit Cachalots, de 74 pieds, échouèrent sur les parages d'Ostende : à cette époque, la pêche de ces monstrueux cétacées n'avait pas encore été entreprise, et les poissons de ces mers étaient d'un volume plus prodigieux que ceux que l'on rencontre aujourd'hui, soit que l'espèce se soit altérée, soit qu'elle ait été se ménager des retraites inabordables dans des lieux inconnus. (Voyez l'*Histoire des Poissons*, traitée par Lacépède).

L I I.

Pénible état du commerce. — Administration maritime. Huîtres d'Ostende. — Retour à Bruges.

OSTENDE qui ne subsiste que de commerce, se trouvait alors dans la situation et le dénuement le plus misérable. Tel est d'ordinaire l'effet d'une guerre dont la durée a fini par tarir toutes les ressources de la prospérité. Le spectacle d'un port-marchand, sans commerce et sans activité, est la chose la plus pénible que l'on puisse s'imaginer. Des navires échoués, un amas de cordages, des voiles jetés çà et là ; des mâts mutilés, des matelots oisifs et silencieux. . . . !

Cependant le nombre des individus employés dans les bureaux de l'administration maritime était toujours le même, et quoique ce port ne rapportât rien, la république conservait à ces gens inutiles des traitemens très-forts. Ce contraste de l'inutilité heureuse et de la misère forcée, rendait les plaintes générales : elles étaient assurément bien fondées, car je me trouvai dans cette ville avant la révolution du 18 brumaire, et personne n'ignore dans quelle confusion horrible roulaient à cette époque toutes les parties de l'administration soit civile, soit militaire.

Il se fesait dans cette ville un commerce assez important d'huîtres à barbillons verts, qui se transportaient fort au loin : voilà ce que le moment avait à offrir, à Ostende, le plus digne d'intérêt.

La voiture qui retournait d'Ostende à Bruges, était une voiture ouverte. Il fesait très-froid, l'air était si piquant et si insupportable, que les femmes qui se trouvaient dans cette voiture, descendaient dans presque tous les cabarets pour se réchauffer et se gorger de genièvre ; pratique honnête et générale dans le pays de Flandre : tout arriva ivre dans la cité de Bruges.

Les villages que nous aperçûmes dans la campagne et au loin, avaient, pour la plupart, les clochers de leur église ou mutilés ou renversés d'une manière bizarre. Le canon français et la haine contre les prêtres, s'étant attachés à ces monumens, il est singulier qu'il reste encore des clochers.

Aux environs de Bruges, l'on contemple des biens immenses de moines, qui, à la vérité, n'ont pas été détruits comme les clochers, mais que l'on a vendus pour du papier.

LIII.

Bruges célèbre autrefois. — Cause de sa décadence. — Canal de la ville. — Tourbières.

Bruges, si célèbre autrefois par sa population, par ses fêtes, par ses richesses sous les anciens comtes de Flandre, est bien déchu de son ancienne splendeur. Cette ville a été longtems la plus florissante de toutes les provinces belgiques, par l'étendue de son commerce. Les villes anséatiques y avaient établi un de leurs principaux magasins.

Riche et fortuné sous les comtes de Flandre et les ducs de Bourgogne, Bruges tomba insensiblement du tems des princes de la maison d'Autriche, lorsque la ville d'Anvers attira tout le commerce, et que sa situation plus commode eût fixé dans ses murs tous les courtiers anséatiques.

Bruges est situé dans une plaine à trois lieues de la mer. Les plus gros bâtimens y remontent par le moyen d'un fort beau canal.

Cette ville, quoique déserte, est encore aujourd'hui une des plus grandes et des plus belles de Flandre : elle est munie de bons fossés, de grands remparts et de fortes murailles. L'on prétend que cette ville avait été entourée de murs dès l'an 865.

Il n'y a point proprement de rivière qui passe à Bruges, mais cette ville est traversée par un canal magnifique, creusé avec art et avec une dépense extraordinaire. Les eaux que fournit le propre fonds de la ville et celles des lieux circonvoisins, s'y rendent en si grande abondance, que l'on croirait facilement que ce serait plutôt une large rivière qui aurait un cours réglé, qu'un simple canal. La multitude de ponts (Bruggen) qui se trouvent sur ce canal, a fait donner le nom de *Bruges* ou des *ponts* à cette ville.

L'eau qui se boit à Bruges vient de Gand, etc., à l'aide d'une pompe ; elle est conservée dans une maison dite de l'*Eau*, qui la distribue dans tous les quartiers.

On consomme particuliérement des tourbes dans les foyers de cette ville : la terre qui les produit se trouve en quantité dans ce pays. Auprès de Bruges, en fouillant à 40 ou 50 pieds de profondeur, on aperçoit la tête de masses d'arbres, aussi agglomérées que dans une forêt : les troncs, les rameaux et les feuilles, sont si bien conservés, que l'on distingue aisément la différente espèce de ces bois. Il y a cinq cents ans que cette terre qui renferme des arbres, était une vaste mer : ainsi, ce terrein qui, dans les tems les plus reculés, était une terre ferme chargée de bois, a été ensuite couverte par les eaux de la mer qui, après y avoir charrié 40 ou 50 pieds d'épaisseur de terre, se sont ensuite retirées.

L I V.

Principaux édifices de Bruges. — Cathédrale. — Tombe de Charles-le-Hardi. — Cour des Princes. — Halle. — Carillon de Bruges.

BRUGES qui se flatte de l'étendue de son enceinte, n'est qu'un vaste désert, et les plaisirs y sont fort resserrés. Ses bâtimens offrent un genre d'architecture qui diffère beaucoup de celui de Gand, quoique cette dernière en soit si proche. Leur rapport ne consiste, ainsi que dans toutes les cités de Flandre et de Hollande, que dans la forme des combles, c'est-à-dire par le dessin à gradin qui se trouve en tête du toît. Autant l'on voit de têtes de toît, autant il y a de maisons. Ainsi l'on peut compter toutes les maisons d'une rue, seulement en regardant en l'air.

C'est à Bruges que Philippe-le-Bon, en 1430, fonda le fameux ordre de la Toison-d'Or, dont le roi d'Espagne est aujourd'hui le grand-maître.

Bruges, en fait de grands monumens, offre peu de choses remarquables parmi les édifices religieux.

L'église de Saint-Donat, si célèbre autrefois, n'est plus qu'un magasin qui sert aux besoins de la commune; sa fondation est environ de l'an 870. C'est dans cette église que les Van-Straten se réfugièrent en 1127, après avoir assassiné le comte de Flandre.

Notre-Dame de Bruges, cette cathédrale sur l'histoire de laquelle l'on a composé un volume *in*-4°, reconnaît pour son fondateur Saint-Boniface, fameux apôtre de l'Allemagne. Cet édifice est surmonté d'une tour si élevée, qu'elle se présente aux vaisseaux en pleine mer. Les fondemens de cet édifice, posés sur des masses enfouies de pierre et de bois, sont aussi considérables que ce que l'on voit au dehors ; ce qui est assez croyable, puisque cette église est bâtie dans un marais. Cette tour, haute de 4035 pieds, a été achevée en 1297. Les cloches qui s'y trouvaient, étaient toutes du XIVe siècle. Il se tint dans cette église deux chapitres de l'ordre de la Toison-d'Or. Au milieu du chœur qui depuis fut orné magnifiquement par ordre de Philippe II, roi d'Espagne, se voyaient deux tombes magnifiques, décorées d'ornemens d'émail et de cuivre doré ; l'une, où reposait le corps de Charles-le-Hardi, tué devant Nancy en 1476 ; et l'autre, celui de la princesse Marie, fille de ce Charles, morte en 1482.

La Cour-des-Princes, bâtiment fort gothique où naquit l'empereur Maximilien, fut construite par Philippe de Bourgogne.

Mais l'édifice le plus digne d'intérêt, est sans doute la Halle située sur la grand'-place et dans le plus beau quartier, ou au moins le plus fréquenté. Cette halle, d'une belle architecture gothique, le cède néanmoins à celle d'Ypres.

Comme les Flamands ne peuvent se passer de carillon, ils n'ont pas manqué d'en placer un sur cette halle, ce qui en élève l'ensemble à une hauteur prodigieuse. Ce carillon est le plus parfait qui existe ; aussi tous les carillons de Flandre ont-ils, depuis long-tems, reconnu sa suprématie ; mais comme il est situé dans le centre des cafés et des estaminets, et qu'il ne décesse de faire entendre sa vigoureuse harmonie, les étrangers, qui ne peuvent le souffrir, jurent d'une façon bien diabolique contre tous les bourdons du monde.

L V.

Auberge de Belle-vue. — Place du Bourg. — Maison de ville. — École centrale. — Jean de Bruges.

Je descendis sur cette place, dans l'élégante auberge de Belle-vue, que l'on pourrait appeler de Belle-ouïe, car le bruit du carillon, qui en est tout près, s'y fait entendre de bonne sorte et malgré tout ce qu'on en peut dire.

A la table d'hôte de cette maison, se trouvaient parmi les convives de jeunes officiers français qui partout ont la parole, ou plutôt qui la prennent ; leurs discours ne roulent jamais sur des faits de guerre, mais toujours sur de bonnes fortunes, et ces bonnes fortunes, qui le croirait, sont des farces d'amour; ce qui est fort intéressant.

Cette auberge se trouve dans un vaste édifice qui forme tout un côté de la place, il est bâti à la moderne et d'un style simple et agréable. Aux deux extrémités de ce beau bâtiment, se sont établis les cafés et les tripots, où l'on ne voit que des jeunes gens et des étrangers.

La petite place, dite du Bourg, ne laisse pas que d'être assez curieuse par la composition des édifices qui l'entourent. Vous y trouvez la Maison-de-Ville, construction d'un gothique élégant, et enrichie des figures des comtes et des comtesses de Flandre ; ces figures ont été depuis effacées. Le superbe emplacement où se tiennent les tribunaux civil et criminel du département de la Lys, dont Bruges est le chef-lieu. Cet édifice est peint en vert, à la manière gantaise ; c'est peut-être le seul. Le local très-spacieux où siége l'administration centrale ; ce bâtiment est adossé à l'église de Saint-Donat, dont j'ai parlé plus haut. Tous ces édifices forment le quarré parfait de cette petite place.

C'est peut-être le seul endroit de la République, où toutes les autorités centrales d'un département se trouvent ainsi en regard les unes des autres : l'arbre de la liberté s'élève au milieu de tout cela, ce qui complète le tableau.

L'école centrale s'est établie à l'autre bout de la ville, sur le bord du canal, et dans une vaste maison de moines ; je n'ai pas eu le tems de la visiter, mais elle possède l'un des plus beaux Muséum de la République, dépouille de toutes les églises du département, et rebut des tableaux que le fastueux Muséum de Paris a dédaignés.

Bruges passe pour être le lieu de toute la Flandre où l'on parle le mieux la langue flamande.

Le commerce de cette ville consiste en laines, soie, coton, futaines, tapisseries, toiles, étoffes de soie. Elle fait un débit fort considérable de ses chapons, qui sont fort renommés.

Bruges a produit peu d'hommes célèbres ; le seul qu'il soit permis de citer ici, est Jean Van-Eyck, dit Jean-de-Bruges, né en 1370, inventeur de la peinture à l'huile. Le premier tableau que ce peintre peignit de cette manière, a pour sujet l'Agneau de l'Apocalypse ; ce tableau, où l'on voit une multitude infinie de personnages, est d'un travail assez précieux, mais le dessin en est incorrect, et tel qu'il pouvait être avant la renaissance des arts. Ce tableau curieux se voit au Muséum de Paris.

L V I.

Des voitures publiques. — Leur inconvénient. — Forêt de Pins. — Belle route. — Rousslaër. — Aventure désagréable et assez ordinaire.

MALGRÉ l'incommodité des voitures publiques, il est des circonstances où le voyageur qui peut les éviter, est obligé d'en faire usage : ce sont souvent les localités même qui l'y contraignent, soit par le défaut de voitures particulières, soit pour se débarrasser de tout cet attirail qu'un homme qui se complait dans toutes ses aises, traînerait nécessairement à sa suite, en se servant des coursiers de la poste : d'ailleurs, pour avoir des notions plus certaines sur les mœurs, les manières et les coutumes d'un peuple, il faut se trouver souvent avec lui ; il faut donc supporter, par intervalle, le désagrément des voitures publiques et la mauvaise composition des individus qui quelquefois s'y entassent, pour appuyer tour à tour ses réflexions de l'assemblage des faits, des situations et des personnages.

J'avais à me rendre à Lille ; les voitures bannales qui correspondent avec cette ville, se trouvent dans Bruges, à l'hôtel même de Belle-vue ; mais elles ne vont que jusques à Menin, où elles versent les voyageurs dans la voiture correspondante de Gand qui passe par Menin. Tant pis pour les voyageurs qui suivent cette route, si la voiture de Gand a son monde complet : ils sont obligés de rester à Menin jusqu'au retour de la voiture suivante, et si cette voiture est constamment pleine, il faut constamment attendre, ce qui pourrait, malgré votre impatience, vous retarder de plus de quinze jours, si la providence n'y avait égard. L'on paye pour le voyage entier, nonobstant ces incidens divers.

J'entrai donc dans cette voiture, sauf à être reversé à Menin, dans la voiture correspondante, et partis de Bruges pour Lille, à six heures du matin, heure infiniment incommode en hiver.

A quelques lieues de Bruges, l'on traverse une forêt de pin, de genêt, de mélèze : c'est la seule en ce genre que l'on voye en Flandre.

La route, jusqu'à Menin, c'est-à-dire l'espace de 15 lieues de France, est admirable ; elle est ombragée d'arbres touffus, et parfaitement droite. Ces chemins forment de superbes promenades, quoiqu'assez monotones.

L'on traverse quelques bourgs fort peuplés, et entr'autres Rousslaër, à égale distance de Bruges et de Lille, où la voiture s'arrête pour le dîner. On y rafraîchit également les chevaux, en leur donnant d'un pain semblable à celui des soldats, et une pitance de fèves : ils sont bientôt, après leur réfection, en état de continuer leurs longues et fortes courses.

Rousslaër est un petit bourg qui avait pour sa part trois ou quatre églises ou abbayes : ces bâtimens religieux sont très-beaux, et s'élèvent avec éclat des maisons mesquines de Rousslaër. La place est très-grande, sans être belle : les voyageurs s'arrêtent ici dans la maison municipale, qui est sur l'un des coins de cette place. Le rez-de-chaussée de cet édifice national, est occupé par un restaurateur. La même chose s'observe à Menin, à Warneton. Ce traiteur s'est-il établi dans la maison municipale pour accaparer tous les individus qui se rendent près de l'autorité publique, ou la municipalité a-t-elle établi des traiteurs chez elle, afin que la bonne odeur de la cuisine prévînt en faveur de ses audiences? Je ne puis conclure sur ces deux questions, mais il est toujours bon de ne pas faire débauche dans l'auberge, car la municipalité n'est pas loin.

Je n'ai voyagé avec personne depuis les approches de Rousslaër jusqu'à Menin, ainsi je dînai seul ; je lus les feuilles du jour qui venaient d'arriver. Avant le 18 brumaire, l'on sait combien les oraisons de nos législateurs étaient éloquentes, fortes de raison et de prévoyance : ils se prétendaient tous des Démosthènes, quoiqu'une partie d'entre eux sût à peine lire ou parler : je bus, par dessus leurs beaux discours, du vin détestable que l'on fit payer bien cher.

Arrivé à Menin, ce fut encore bien pis, la voiture correspondante qui venait de Gand, et qui se dirigeait sur Lille, avait son monde complet, c'est-à-dire cinq gros flamands; ce qui me rendit fort perplexe. Le cocher ne voulait prendre personne ; il reçut un écu fort brillant : alors, fesant un vacarme épouvantable, il s'écria qu'il fallait se serrer, que sa voiture était pour six, qu'il ne partirait que lorsque tout *son* monde serait dans *sa* voiture. En même tems, il descend de son siége et va boire un coup. Là dessus, les cinq flamands qui étaient dans le fiacre, crient après lui, le traitent d'insolent, jurent de le dénoncer à son maître de l'hôtel de Portugal, à Lille, etc. Le cocher va toujours ; après qu'il a bu il revient, trouve les gens plus intraitables ; il rotourne à son tripot : nouveau tapage.

Il y avait plus d'une heure que ce tumulte persévérait, en dépit de toute la gravité belgique, lorsque les cinq flamands, après s'être fortement pressés, trouvèrent enfin la place en question. Alors, le carrosse partit pour la bonne ville de Lille, où nous arrivâmes aux portes fermées.

Il fallut attendre qu'on ouvrît les portes. Le carrosse national jouit seul du privilége d'entrer à toute heure de nuit dans une ville à citadelle. Sur la chaussée de Lille, l'on rencontre toujours beaucoup de piétons, qui ayant trouvé les portes closes, attendent l'arrivée du grand carrosse, et profitent de cette fortune pour aller coucher dans les greniers de Lille.

Nous entrâmes ; l'on ne manqua pas de demander les passe-ports ; mais l'un des flamands qui paraissait connaître le demandeur, lui ayant protesté que nous étions tous de la ville, on laissa écouler la voiture : ainsi nous passâmes avec passe-port ou sans passe-port. C'est la première fois que le timbre viatique n'a point été exhibé. Il faut observer que cette cérémonie n'a point lieu à l'égard des piétons ; de telle sorte qu'un homme justement suspect, descend de son fiacre à une certaine distance de la ville, et dépasse à piés-joints toutes les portes possibles, sans la moindre difficulté.

Arrivé chez le maître de l'hôtel de Portugal, à Lille, il était à croire que les braves Flamands allaient éclater contre le maître de l'hôtel de Portugal ; point du tout, ils demandèrent si le souper était prêt.

LVII.

BONAPARTE.

Vers ce tems-ci (18 Brumaire, an 8), une désorganisation générale, fruit de la fureur, des conceptions funestes et de l'ambition populacière des chefs de nos factions, allait engloutir la France balottée depuis tant d'années par toutes les tempêtes de l'intérêt brutal. De perfides citoyens, qu'une révolution si cruelle dans ses suites avait élevés de la poussière, et extraits d'un trop juste oubli, traînaient de plus en plus l'État vers sa ruine, et souriaient à leur forfait.

Orateurs d'une populace immonde, ils enfonçaient à loisir le poignard dans le sein de la République dont ils soutenaient, disaient-ils, et la cause et les droits. Violens, atroces, plus immoraux que les bêtes livrées à un appétit sans frein, ils ne nous ont donné que des calamités, ils n'ont semé que le désordre, ils n'ont propagé que les principes vicieux, lors même qu'ils se présentaient comme les soutiens robustes d'une régénération philosophique. La Nation n'était plus !

Malgré le zèle de quelques hommes vertueux, seuls capables par leurs talens, leurs lumières et l'ascendant de leur raison de retenir la France sur le penchant de l'abyme, ces hardis séditieux s'apprêtaient encore à la saisir de nouveau, à l'environner de leurs gibets, et à immoler à leur haine insatiable ces tristes restes de nos amis mutilés.

Bonaparte est en Égypte. Rapide comme la flèche, il traverse les flots Ioniens ; il arrive.

C'est de l'Orient que sont sortis les sauveurs des nations.

Il trouve un peuple abattu, insensible, à moitié fou : son pays livré de nouveau aux horreurs d'une anarchie prochaine; toutes les idées confondues ; une poignée de misérables se disputant l'empire avec audace ; un silence affreux comprimant toutes les affections ; le trésor public affaissé, et ses moyens arides s'écoulant par l'égoût des intrigues ; des cyprès sur le sol des lauriers ; cent mille braves égorgés sous ces climats illustrés par tant de gloire; le Janissaire uni au Cosaque ; l'Anglais irritant l'arrogance de l'Autriche ; et l'Autriche insultant à nos anciens trophées, par le triomphe qu'elle obtient de nos trahisons mêmes. Des revers obstinés ; la paix fuyant au loin, et la patrie voilée de crêpes.

Bonaparte arrache ces bandelettes funèbres, et jure d'y substituer les festons plus propices d'un bonheur inconnu.

Dix-huit brumaire, ô journée immortelle ! journée qui réveilla l'espoir de la France désolée ! espoir d'abord conçu, et depuis effectué ; qui pourra dignement célébrer tes bienfaits ?

Héros, déjà fameux durant ta vie ; vainqueur de cette Europe hérissée de tant de bataillons, qu'une prompte paix succède à tes triomphes ! Le plus doux fruit de Brumaire, c'est la paix. La France, par tes soins, commence à en goûter les prémices au dedans ; ses factions sont éteintes : mais au dehors commande aussi la paix ; fais disparaître les sabres, brise les javelots, abaisse les pavillons ennemis, que l'olive nous console et s'unisse au laurier trop long-tems solitaire !

LVIII.

Armentières. — Coutumes. — Fabrique de toiles. — Bailleul. — Ligne télégraphique.

JE n'avais plus, pour terminer en partie cette revûe des trois Départemens qui forment l'ancienne Flandre, qu'à visiter quelques villes principales qui se trouvent à l'ouest de Lille, et se portent vers la mer.

Je pris à cet effet la route d'Armentiéres, route gracieuse et amusante par ses replis continuels, par ses points pittoresqûes, par la mûltiplicité de ses ombrages.

Cette petite ville, autrefois forte, est adossée sur le revers de la Lys qui descend du côté de Gand. Son premier aspect est assez misérable. A l'exception de quelques belles maisons qui se trouvent sur la place de ville, cette cité médiocre ne mérite pas d'être vue.

Armentières est du département du Nord; et quoique depuis très-long-tems cette ville soit tombée sous le pouvoir de la France, elle n'en conserve pas moins avec ténacité tous les usages flamands, surtout dans les classes inférieures qui, comme l'on sait, ne sont point sujettes au caprices et à la variation des modes.

Les auberges y sont presque toutes servies suivant les manières flamandes. Cette manière, il est vrai, rend la vaisselle fort propre, mais les apprêts du dedans en sont souvent détestables. La cuisine flamande est, je crois, celle qui est la plus à redouter après la cuisine espagnole.

Armentières est célèbre dans tout ce pays par ses fabrications de toiles, qui donnent un travail continu et presqu'assuré aux habitans de cette ville, qui paraissent y être entiérement employés. Ses marchés sont fréquentés par le débit de leur bon fromage.

A la sortie d'Armentières vous passez la Lys, et suivez la route de Bailleul ; la distance entre ces deux routes qui n'est pas considérable, est peuplée d'un grand nombre de chaumières et de maisonnettes ; ce qui rend cette course très-sûre la nuit.

Bailleul a une apparence aussi triste qu'Armentières relativement à son entrée ; les rues en sont fort mal pavées, les maisons en général d'une construction sotte et difforme, la ville fort solitaire.

Bailleul fait, ainsi qu'Armentières, le commerce en toiles et en draperies.

Cette ville était autrefois assez forte : sa place

est grande et spacieuse ; son beffroi très-élevé ; c'est sous ce beffroi que sont les salles où se tiennent les autorités publiques. Ce beffroi soutient le télégraphe qui par le moyen de toutes les villes qui sont sur ce plan, forme la ligne de correspondance entre Lille et Dunkerque.

L'auberge de Bailleul la plus fréquentée des voyageurs, est située sur la grand'-place ; les chambres de cette maison sont propres, mais l'escalier qui y conduit déborde sous la voûte d'entrée, ce qui ferait croire que l'on oublia l'escalier lorsqu'on bâtit cet hôtel : accident qui est arrivé plus d'une fois, et entre autres au superbe bâtiment des Postes à Madrid.

Cette ville a donné naissance à Meyer, célèbre historien de Flandre.

Le peuple ne parle, à Bailleul, ni français ni flamand ; c'est un langage composé de tout ce qu'il y a de plus mauvais dans les deux langues.

LIX.

Cassel. — Sa situation. — Monticules des Pays-Bas. — Fort de Cassel bâti par les Romains. — Vue magnifique. — Forêt de Nieppe.

A six lieues au-delà de Bailleul, vous arrivez à Cassel par l'un des plus beaux chemins de France, drapé sur ses côtés de cette brillante et éternelle verdure que Forster dit d'une couleur smaragdine.

Le tems était brumeux et inconstant, comme il l'est presque toute l'année dans les régions du Nord, ce qui dépite fortement les voyageurs qui passant à cette époque par cette route, ne peuvent espérer de jouir pleinement de la vue superbe, immense et indicible du Mont-Cassel.

Cassel est situé sur le sommet de la seule montagne qu'il y ait en Flandre. Les autres monticules que l'on rencontre dans les Pays-Bas, ne semblent être que des terres rapportées, et ne pas appartenir au pays. Un antiquaire a prétendu que ces éminences étaient des tombeaux élevés sur le corps des généraux romains qui avaient péri dans ces contrées, lors de la guerre des Gaules.

Auguste, ayant donné la paix à l'Univers,

les Lieutenans de ce prince, en Flandre, y firent construire plusieurs forteresses ; la plus considérable fut celle que l'on plaça sur la haute élévation de Cassel, alors dans la dépendance des Morins. Ce fut là que le proconsul Carina établit sa demeure ; ce fut là que ce Proconsul régla, sous les ordres d'Auguste, de quelle manière les peuples des Pays-Bas seraient gouvernés, et quel serait le tribut qu'ils payeraient tous les ans à l'Empire.

Cet ancien château était si fort, qu'on le regardait comme imprenable. Il a été détruit dans les derniers tems. Il ne reste plus de ce château qu'une terrasse élevée où les aubergistes de Cassel ont soin de vous mener pour vous faire jouir de la superbe vue de cette ville. Sous cet ancien château était une source d'eau excellente qui se rendait dans la belle fontaine qui est au milieu de la place. Cette fontaine, comme tout ce qu'il y avait d'utile et de curieux, a été dégradée pendant nos fougues démagogiques.

On voit près de Cassel plusieurs grands chemins que les Romains firent paver après la conquête du pays.

Il est impossible de voir un spectacle plus imposant que celui dont on jouit du haut du

Mont-Cassel ; il semble que la nature se trouve là. Quelle perspective ! que de splendeur et de majesté ! Comptez ce nombre infini de villes et de hameaux qui se déroulent sous vos pieds. Comptez le nombre de ces provinces qui s'étendent et se perdent dans l'infini de l'horizon. Voyez de ce côté les dunes éblouissantes ; plus loin la vaste mer. Vous avez aperçu les rives de l'Angleterre.

Que le coup-d'œil du haut de la montagne doit être ravissant en été ! mais tout a disparu dans les jours nébuleux ; les brouillards ont rassemblé toutes leurs vapeurs sur cette cîme ; ils s'y sont établis pour six mois : quel pouvoir des humains pourrait les en chasser !

Au rapport des paysans, il se trouve sur les flancs touffus et raboteux de cette montagne, beaucoup de chats sauvages qui font une guerre d'extermination aux oiseaux, aux lapins et aux campagnols. Trois fameuses batailles ont ensanglanté le pied de la montagne ; la première contre Philippe Ier, roi de France, qui y fut défait par Robert-le-Frison, comte de Flandre, en 1071 ; la seconde contre Philippe-le-Bel qui défit les Flamands, et saccagea Cassel en 1328 ; la troisième contre Philippe, duc d'Orléans, qui en 1677 y défit le prince d'Orange.

Sur la place de Cassel est l'auberge de la Poste, la plus suivie de la ville ; le citoyen qui la dirige, a été successivement soldat, moine et cabaretier : c'est un homme affable et instruit. Sa table était bien tenue, sa cave en bon état, sa maison très-fréquentée.

Cassel, ville démantelée, est assez jolie ; elle est bâtie en longueur, et n'a de remarquable, au surplus, que sa seule situation.

La grande forêt de Nieppe, se trouve le long de la Lys, dans le territoire de Cassel ; elle abonde en faisans et en gibier de toutes sortes. C'est, après la forêt de Soignies, la plus grande et la plus belle de tous les Pays-Bas. La forêt de Nieppe fournit une grande partie du bois que l'on brûle à Lille, et qu'on y fait descendre à l'aide de la Lys.

L X.

Bergues. — Triste ville. — Aspect de ses environs du côté de Dunkerque. — Superbe chaussée. — Vue de Dunkerque. — Carillon de cette ville qui le dispute à celui de Bruges. — Étymologie de Dunkerque.

En quittant Cassel pour aller vers la mer, l'on suit le chemin en pente, qui tourne du côté de Dunkerque, et dont la longueur et l'aspérité désolent les voitures qui doivent le remonter.

La route jusqu'à Bergues est toujours uniforme, toujours symétrique, toujours ennuyeuse. Les deux côtés de la voie sont ombragés successivement de l'orme superbe et du saule très-humble. Que de saules il y a dans ce pays ! on en a planté partout : leurs allées s'étendent à perte de vue, et vous conduisent droit au murs de Bergues.

Bergues-Saint-Winox, sur la Colme, est une ville de guerre ; elle date de l'année 900, et doit son érection à une abbaye fondée par un saint homme de Saint. Dès l'année 950, l'un des Baudoin avait entouré Bergues de murailles. Cette ville est mal bâtie, mal pavée, et fort mal propre. Ses fortifications modernes, dues au maréchal de Vauban, sont de toute beauté ;

c'est une brillante ceinture qui cache la plus grande difformité.

A la sortie de cette villace, la contrée se présente sous une forme toute nouvelle. Les arbres ont disparu ; à peine l'existence de quelques bruyères ; une plaine incommensurable ; point de collines ; nulle monticule. Il n'y a d'aspérité que les flèches des villages, qui, de loin en loin, se distinguent par une teinte d'ombre.

La chaussée qui conduit à Dunkerque, est peut-être la plus magnifique route de l'Europe ; elle est ferme, large, sans la moindre irrégularité, et domine dans une étendue de deux lieues tout ce pays, en suivant les contours du canal de Bergues qui coule vers la mer. Dans cet espace et sur le flanc du canal, règne une ligne continue de forts et de bastions qui semblent devoir protéger particulièrement la France de ce côté, de toutes les entreprises terrestres de l'Angleterre.

On est encore assez loin de Dunkerque, lorsqu'on aperçoit la tour de cette ville, où se trouve placé l'illustre et éternel carillon. Si celui de Bruges l'emporte sur celui-ci, par l'harmonie, comme j'ai eu soin de m'en convaincre après un long et solide examen, le carillon de Dunkerque doit être, par sa position seule, le roi de tous les carillons du monde, puisqu'il domine une grande partie de la Flandre et de l'Artois, tout le canal de la Manche, et de plus, les côtes maritimes du royaume d'Angleterre.

Aussi, c'est à ce carillon que les Dunkerquois doivent leur dénomination ; car *Kerque* signifie église, c'est-à-dire l'édifice même où est placée la sainte harmonie ; et *Dun*, les heureuses dunes que surmonte le carillon du beau pays de France.

Les *Annales Belgiques* citent, en l'année 1476, un fameux carillonneur de Dunkerque, dont l'on venait admirer de fort loin les talens.

Au surplus, c'est ma dernière note sur les carillons de Flandre, et je n'en suis pas fâché.

LXI.

Dunkerque, bourg fort ancien. — Habité principalement par des Pêcheurs. — Riche par sa pêche. — Devenu fameux par sa situation. — Port célèbre.

DUNKERQUE fut bâti par Baudoin III, en 960 ; mais dès l'année 646, Saint-Eloi y avait fait élever une petite chapelle, pour les misérables pêcheurs qui subsistaient du produit de cette côte.

Depuis plusieurs siècles, l'on avait à Dunkerque une adresse toute particulière pour saler et dessécher les harengs, dont la pêche faisait le principal commerce de ce peuple marin. Dès ce tems là, le poisson qui avait été accommodé dans cette ville était considéré, ainsi qu'aujourd'hui, comme le meilleur. Ce fut des impôts placés sur ces harengs, que l'on a rebâti la vaste église-paroissiale de Dunkerque que l'on voit aujourd'hui.

Avec le tems, la bonté de sa situation, et la munificence des comtes de Flandre, Dunkerque devint une ville grande, bien bâtie, et renferma dans ses murs près de 80,000 habitans.

Les fortifications de son port fameux, trop en vue de l'Angleterre dont elle gênait les moyens, furent détruites par Louis XIV lui-même, qui les avait élevées avec tant de frais; et cela en vertu du traité d'Utrecht, que les Anglais dictèrent ou influencèrent avec toute l'arrogance d'un peuple qui s'intitule le suprême dominateur des mers.

Ce port célèbre, chef-d'œuvre de Vauban, était gardé bien avant dans la mer par deux forts ou risbans, dont les tristes démolitions subsistent encore pour notre continuelle humiliation.

Dunkerque n'est capable que de contenir des

frégates. Ce fut pour remédier à cette privation de ports, depuis cette ville jusqu'à Brest, qu'on creusa celui de Cherbourg, propre à protéger une flotte de vaisseaux de ligne.

Dunkerque fit partie, dans le XVIe siècle, de la rançon de ce François Ier, qui s'embarrassait fort peu de tout perdre, hormis *l'honneur*; et qui finit par se perdre lui-même dans la turpitude d'une maladie amoureuse apportée de l'Amérique, et toujours sauf *l'honneur du roi.*

LXII.

Marins de Dunkerque. — Ton particulier à cette ville. — Des ports. — Du commerce. — Réflexion sur le caractère et la conduite des hommes de mer.

DUNKERQUE est d'un aspect fort sale, et d'autant plus sale que cette ville fourmille de matelots. Ces matelots sont d'un tout autre caractère que nos autres matelots ; ils sont farouches, presque sauvages, et d'une grossiéreté qui doit naître naturellement des deux premières indications.

Tout ne respire ici que l'odeur du goudron, des vieux cordages, la vapeur nauséabonde de la mer, la fumée de tabac. On n'y parle que des corsaires ; il n'est question que de corsaires, et à force d'applaudir aux corsaires, les matelots ont donné à tout, le ton rauque et altier des corsaires.

Il se trouvait dans le port long et étroit de Dunkerque, une forêt de bâtimens marchands de toute grandeur; mais l'on était dans la guerre la plus vive ; très-peu d'entr'eux osaient s'aventurer sur la lame. Les corsaires seuls, qui n'ont rien à perdre, n'y prenaient pas si garde. L'Angleterre qui a aussi ses corsaires, les envoyait contre les corsaires de Dunkerque ; mais corsaires contre corsaires.....

Dunkerque est le siège d'une administration municipale qui ressort du département du Nord ; il l'est aussi d'une administration maritime.

Les maisons de cette ville sont bâties de brique blanche, ce qui distingue spécialement Dunkerque de toutes les villes rouges de Flandre.

Ses marchés sont bien approvisionnés, et le poisson n'y manque pas.

Le seul monument remarquable est la façade pompeuse de l'église principale. On ne s'attendrait pas, en admirant les superbes colonnes de ce fastueux vestibule, qu'elle vous introduiraient sous les pénibles voûtes d'un édifice du plus mauvais gothique.

Le séjour d'un port de mer est peu attrayant, à moins que l'intérêt de l'individu ne soit placé sur les ballots que la mer charie. Dans une ville maritime, tout a pris le ton marin. Quelle distraction espérer de gens qui ne tarissent pas sur les mêmes combinaisons, sur la bonne ou mauvaise marche d'un paquebot, le plus ou moins d'oisifs qu'il faut solder, le lard et le biscuit qu'il faut embarquer, etc. ?

Laissez aborder les navires, laissez décharger leurs ballots, et ne vous inquiétez pas, tranquille citoyen, du profit qu'en retire l'armateur; il y trouvera bien son compte, laissez-le faire.

Le commerce est le principe de l'abondance, il est la joie de la paix et la clef de toutes les jouissances; mais il est aussi le père de l'égoïsme, le conseiller de l'avarice, et l'appui de la cruauté. N'a-t-il pas mis au nombre de ses ballots les noirs de l'Afrique ?

Evitez de ressembler aux Anglais; est-il une nation plus riche, dont les comptoirs soient plus multipliés et les ressources plus grandes : en est-il une plus savamment barbare. Voyez toute l'Asie tombant sous le fouet d'une bande de marchands qui ont toute l'ambition des conquérans et toute la férocité que peuvent imprimer la soif de l'or, l'ardeur de la cupidité et l'orgueil de la domination. Aurait-on pu croire que des banquiers seraient devenus des rois, qu'ils seraient plus superbes que des rois, qu'ils marcheraient à deux piés sur le ventre des rois, et que par la vente exclusive de la muscade et du gingembre, ils garrotteraient des peuples entiers, et en façonneraient les degrés qui les conduisent à leurs magasins !

Je termine ici ces courses, entreprises sans prétention, et publiées par le motif seul d'occuper quelques restes de loisir.

Les voyages faits dans chaque département de la République, entreront sans doute par la suite dans les plans du Gouvernement ; ce n'est que sous son appui et à l'aide de ses moyens, qu'ils peuvent devenir plus utiles. Des tems plus heureux donneront alors des facilités.

Le territoire même où nous vivons nous est moins connu que les tristes déserts de la Sibérie, les sables brûlans de l'Afrique, les plages lointaines de Java. Nous errons au hasard dans nos propres contrées, plus incertains cent fois au sein de nos domaines que l'ennemi et l'étranger.

FIN.

TABLE
DES SOMMAIRES
DES TITRES DE CE VOLUME.

VI.

VII.

VIII.

IX.

X.

X I.

X I I.

X I I I.

X I V.

X V.

X V I.

XVII.

XVIII.

XIX.

XX.

XXI.

XXII.

XXIII.

XXIV.

XXV.

XXVI.

XXVII.

XXVIII.

XLIII.

XLIV.

XLV.

XLVI.

XLVII.

XLVIII.

XLIX.

ŒUVRES DU MÊME.

Craon et les trois Opprimés . . . . . 1 vol. in-18.

Essai sur les Puissances navales, dans la guerre contre la République. . . . . . Brochure in-8°.

Observations sur l'Espagne. . . . . Broch. in-8°.

Les loisirs de la Liberté. . . . . . . 1 vol. in-8°.

Des Agens du Directoire à St-Domingue. Br. in-8°.

www.ingramcontent.com/pod-product-compliance
Ingram Content Group UK Ltd.
Pitfield, Milton Keynes, MK11 3LW, UK
UKHW031842260826
14628UKWH00002B/531

9 782019 152970